일단
내 마음부터
안아주세요

윤대현 지음

모든 게
짜증이 나고
귀찮을 때
어떻게
힘을 낼 수 있을까?

일단
내 마음부터
안아주세요

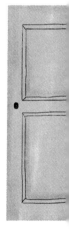

위즈덤하우스

왜 남에게는 친절하면서
나에게는 무례할까요?

라디오 사연 상담을 하다 보면 효과적인 마인드컨트롤 controlling mind 전략을 알려 달라는 내용이 많다. 진료실에서도 불안이나 염려 같은 부정적인 감정이 뜻대로 조절되지 않아 힘들고, 마음 하나 마음대로 못 하는 자신이 의지 박약자로 느껴지고 자존감마저 떨어진다는 고민을 자주 접하게 된다.

마인드컨트롤이 잘 안 돼 힘든데, 마인드컨트롤이 안 되는 그 자체에도 '나는 왜 이 모양일까' 하면서 자책하고 스트레스를 받는 것이다.

마인드컨트롤은 마음을 조정하는 일이다. 조정하는 주체

는 내 이성, 내가 논리적 언어를 사용해 만든 생각으로 마음을 조정하는 것이다. 이성으로 행동을 조정하는 것은 상대적으로 쉽다. 팔, 다리 등 근골격계를 직접 통제할 수 있기 때문이다. '왼손 올려, 오른손 내려, 오른쪽으로 가, 왼쪽으로 가' 이런 식으로 말이다.

그런데 마음은 그렇게 간단하지 않다. 마치 독립된 인격체처럼 반응하기 때문이다. 원하는 대로 잘 따라 주다가도, 어떨 때는 아예 청개구리처럼 군다. 밤마다 불면증으로 고생하는 분들도 강의만 들으려고 하면 잠이 마구 쏟아져 당황스럽다고 한다. 마음에게 자라고 할 때는 깨우고, 정신 차리자고 하면 잠을 재우는 상황이다.

마음과 잘 소통해 마음을 내 뜻대로 움직이는 마인드컨트롤, 즉 '마음 조정'은 왜 이리 어려운 것일까? 나와 마음의 언어가 다르기 때문이다. 나는 논리적 언어로 소통하는데 마음은 은유, 상징이 가득 담긴 예술적 언어를 사용하는 것이다.

지친 마음을 몰아세우지 마세요

마음이 잘 충전돼 있고 여유로울 때는 "힘내, 힘내"라고 간절하게 이야기하면 정확하게 논리적으로 이해하진 못해도, 외국인의 보디랭귀지를 알아듣듯 마음이 느낌으로 대충 눈치 채고 긍정에너지를 제공한다. 하지만 마음이 힘들고 지쳐 있을 때 "힘내, 힘내" 하면, 짜증 난 마음이 더 부정적인 감정을 만들고 삶의 긍정에너지를 확 잠가 버릴 수 있다.

부부간에 위기가 찾아오는 순간도 두 사람 다 지쳐 있을 때다. 한쪽이라도 긍정에너지가 있으면 지친 쪽을 위로해 줄 수 있고 관계도 회복된다. 그러나 같이 지쳐서 동시에 자신을 위로해 달라고 상대에게 요구하면 서로가 채워 줄 수 없기에 결국 섭섭함이 생기고 갈등 상황으로 이어지는 것이다.

마음과 나의 관계도 비슷하다. 마음이 지쳤을 때 마인드컨트롤 전략을 강하게 쓰면, 마음과 나의 관계를 망가트릴 수 있다. 가뜩이나 언어 체계가 달라 직접적인 논리적 소통이 어려운 대상인데, 지친 마음에 요구만 하면 오해와 갈등이 쌓이기 쉽다.

철로 만들어진 기계도 계속 조정하고 요구만 하면 고장 나기 마련인데, 섬세하기 그지없는 생물학적 시스템인 마음을 마구 조정해 혹사시키면 어찌 되겠는가? 내 몸과 마음이 휘청거리는 상황에 이르게 되는 것이다.

우리 뇌 안에 있는 마음이 자신이 쓰는 언어를 살짝 보여 줄 때가 있는데, 그것이 바로 꿈이다. 우리는 매일 꿈을 꾼다. 꿈을 꾸다 중간에 깨면 기억이 나고, 다 꾸고 난 뒤 깨면 기억이 안 나는 것일 뿐, 매일 꿈을 꾼다.

만약 내 꿈을 100퍼센트 해석해 줄 수 있는 사람이 있다면, 누구나 한 번쯤은 돈을 내고라도 그 사람에게 가서 꿈을 해석하고 싶을 것이다. 그만큼 '꿈은 어렵다'란 생각을 갖고 있는데, 이는 사실 이상한 일이다. 꿈은 외부에서 유입되는 영화가 아니기 때문이다. 내가 만들어 놓고도 도무지 내가 이해 못 하는 황당한 경험을 매일 하는 것이다.

왜 그럴까? 꿈을 만드는 영화제작소가 마음에 있기 때문이다. 그 꿈을 프로젝터로 비출 수만 있다면 우리 모두는 엄청난 비디오 아티스트가 될 수 있을 것이다.

본격적으로 예술 분야에서 일하지 않더라도, 우리의 마음 안에는 엄청난 은유와 상징으로 가득한 예술적 언어를 사용할 줄 아는 아티스트가 있다. 다만 그 영화가 논리적 언어가 아니라서 이해하기 어려울 뿐이다.

마음이 하는 이야기에 귀 기울여 보세요

이 책은 마음 관리를 위한 책이다. 마음 관리는 스트레스를 줄이거나 없애고 피하는 전략으로는 백전백패한다. 스트레스가 꼭 나쁜 것도 아닐뿐더러, 내가 스트레스를 왕창 받고 있다는 것은 내 마음과 몸이 생존을 위해 강렬히 작동하고 있음을 의미한다. 스트레스를 느낀다는 것은 바로 당신이 살아 있다는 증거다.

스트레스 관리의 목적은 강렬한 스트레스 상황에서도 마음의 긍정에너지를 지키는 것이다. 긍정에너지는 삶의 행복과 성공에 직결되는 요인인 자존감, 공감 능력, 창조력을 따스하게 감싸 그 불씨가 꺼지지 않게 해준다.

마음 관리를 나름 정의해 본다면, 서로 다른 언어를 사용하기에 직접적인 소통이 어려운, 그러나 내 인생의 가장 소중한 파트너이자 친구인 마음과 어떻게 소통하고 서로 도우며 친하게 지내는가에 대한 것이다.

우리는 모두 마음 조정의 대가들이다. 학교에서, 사회생활에서 끊임없이 마음 조정을 훈련해 왔기 때문이다. 내 마음의 에너지를 태워 목표를 향해 달리게끔 강하게 드라이브 거는 것을 '조정'이라 하는데, 이는 생존 성취에 있어서 탁월한 마음 관리법이다. 헝그리 정신도 배고픔이란 생존 본능을 활용하여, 마음에 강하게 드라이브를 거는 마음 조정법이라 볼 수 있다.

마음에 에너지가 충분할 때 마음 조정은 가성비 좋은 마음 관리법이다. 문제는 조정에 지쳐서 번아웃burnout이 찾아왔는데도 더 힘내라고 마음을 조정하는 데 있다. 이는 마음을 더 지치게 하고, 자존감, 공감, 소통, 창조적 사고 능력마저 떨어뜨린다.

마음이 부서지도록 열심히 사는 것 좋다. 번아웃이 찾아와도 좋다. 그러나 번아웃된 상태에서 마음 조정 전략만 계속 쓰다 보면 여러 문제가 생기게 된다.

대표적으로 삶의 의욕도 줄어들고, 억지로 일해 객관적인 성취를 이룬다 해도 주관적인 행복감이 찾아오지 않는다. 공감 에너지가 떨어져 소통을 잘하던 사람도 까칠한 반응을 툭툭 보이게 된다. 거기에 불면증, 건망증, 불안, 우울 등 여러 스트레스 증상이 동반된다.

번아웃이 찾아오는 것을 두려워할 필요는 없지만, 번아웃에서 탈출하려면 마음 조정만으로는 어렵다. '마음 애정love mind' 해야 한다.

몸과 마음의 컨트롤센터인 뇌도 휴대폰처럼 충전을 위한 휴식이 필수적이다. 마음 애정을 달리 표현하면 내 마음에 양질의 휴식을 주는 것이다. 그것이 지친 상대방에 대한 사랑이고 배려다. 그런데 '어떻게 쉬세요?'라는 질문에 쉽게 답변이 나오지 않는 경우가 많다.

이 책은 심리, 정신의학, 뇌과학에 기반한 마음 관리를 위한, 마음에 대한 탐구개발 가이드북이다. 마음과 소통하는 법, 마음이 좋아하는 것을 찾는 법, 마음 충전법 등을 통해 지치고 지친 마음을 잘 '애정'했으면 하는 것이 나의 간절한 바람이다.

차
례

1장

나부터 나와
잘 지내 봅시다

나를 사랑하는 일은
내 마음을 이해하는 데서 시작됩니다.
내 마음의 상태가 어떤지,
나랑 지내는 데 불편하진 않은지,
무엇을 할 때 좋아하는지에 대한 이해가 필요합니다.
상대방에 대해 알기 위해 시간을 투자해야 하듯,
마음도 마찬가지입니다.

나쁜 기만 한 감정은 없습니다

라디오 상담을 하다 보면 부정적인 감정을 해결할 수 없어 괴롭다는 고민 사연을 자주 접하게 된다.

얼마 전에는 공무원 시험 준비 중이라는 한 20대 여성이 시험에 떨어지고 난 후 막판에 최선을 다하지 않았던 자신이 쓰레기처럼 느껴지고, 지난 시간이 모두 회의적으로 보인다며 괴로움을 토로했다.

자책하는 것만으로도 힘든데 가장 친한 친구까지 제가 의지가 부족하고 나약해서 그런 거라고 쉽게 말해 버리니 정말 견디기가 힘들어요. 단단한 마음을 갖고 싶지만 여전히 가까운 사람의 평가에 일희일비하게 됩니다. 독립적이지 못해서 그런 걸까요?

오늘은 벚꽃이 눈처럼 예쁘게 떨어져 있기에 찍어서 올렸다. 제발 그런 감성적인 것에 시간 낭비 말고 공부하라는 친구의 핀잔을 듣고, 저도 더 이상 참을 수 없어 폭발해 버렸습니다. '남이 날 어떻게 생각하든 나만 열심히 하면 되지. 친구도 나쁜 의도로 한 말은 아니었을 거야'라고 결론을 내리고도 끊임없이 떠올라 힘듭니다.

마음을 어떻게 다스려야 할지 정말 모르겠습니다. 부정적인 감정에 마음 쓰거나 상처받지 않고 단단해지는 방법을 알고 싶습니다. 어떻게 하면 좋을까요?

이 사연의 주인공은 섬세한 감성을 소유한 것 같다. 섬세한 감성을 가졌기 때문에 타인의 말이나 시선에 더 민감하게 반응하기 쉽다. 그래서 친구의 말이나 비난에 불편할 수 있는 것이다. 그렇다고 섬세한 것이 나쁜 것은 아니다.

섬세한 감성의 반대말이라 하면 무딘 감성이라고 할 수 있을 텐데, 무딘 감성이 섬세한 감성보다 더 좋은 걸까? 사연의 주인공이 섬세한 감성을 가지지 않았다면 눈처럼 예쁘게 떨어진 벚꽃이 보이지 않았을 것이다. 섬세한 감성을 가졌다는 것은 무딘 감성을 가진 사람보다 봄의 아름다움을 즐길 수 있는 능력을 더 많이 가지고 있음을 뜻한다.

섬세한 감성을 가진 사람들은 제발 무뎌지고 싶다고 이야기하지만, 그 섬세한 감성 덕분에 성공과 성취에 이르는 경우도 많다. 주변의 변화나 타인의 마음을 더 잘 느끼고 읽을 수 있고, 예술적이고 창조적인 능력을 가진 경우도 많기 때문이다. 이렇듯 섬세한 감성을 가졌다는 것은 조금 불편한 장점이 될 수도 있는 것이다.

부정적인 감정도 예뻐해 주세요

단단한 마음을 갖는 연습의 시작은 부정적인 감정에 휩싸이는 자신이 못났고 나쁘다며 탓하기를 멈추는 것이다. 스스로를 비난하는 것은 단단한 마음을 만드는 방향과 반대되는 행동이다.

사람의 성격적 특징은 잘 변하지 않는다. 그래서 내 성격이 불편하다고 다른 성격으로 바꾸기 위해 마인드컨트롤을 강하게 하다 보면 오히려 여러 부작용이 나타난다.

노력은 하는데 잘 변하지 않으니 자신이 한심하게 느껴지고 자존감이 떨어질 수 있다. 또 마인드컨트롤 하는 데 과도하게 에너지를 쓴 나머지 뇌가 지칠 수 있다.

뇌가 지치면 공부나 일의 효율이 떨어지고, 대인 관계에 있어서 더 예민해지고 소통도 거칠어진다. 이를 교정하기 위해 다시 마인드컨트롤을 더욱 강하게 해야 하는 악순환이 일어나는 것이다.

만약 지금 성격 자체를 바꾸겠다는 노력을 하고 있다면 잠시 멈추고, 무엇을 바꿀지 목표 설정을 다시 할 필요가 있다. 위 사연의 주인공은 강하고 단단한 마음을 갖고 싶다고 했는데, 강하고 단단한 마음이 무엇인가에 대해 우선 생각해 보아야 한다.

앞서 이야기한 것처럼 섬세한 마음의 반대말은 강하고 단단한 마음이 아니라 무딘 마음이다. 섬세한 마음이 무딘 마음보다 나쁜 것도 아니고, 또 노력한다고 타고난 섬세한 마음이 무딘 마음으로 바뀔 수 있는 것도 아니다.

섬세한 마음이 강해진다는 것은 외부에서 자극이 들어왔

을 때 일어나는 감정 반응 자체를 줄이는 것이 아니라, 화려하기에 때론 나를 불편하게 하는 내 감성 반응을 여유롭게 즐기는 능력을 키우는 것이라 생각한다.

그러기 위해서는 내 감성을 비난하거나 억누르지 말고 있는 그대로 예뻐해 주는 훈련을 할 필요가 있다.

당신이 믿는 것이 전부가 아닐 수도 있습니다

어떤 행동을 할지 결정할 때 우리는 자기 마음속에 가지고 있는 생각의 틀을 가지고 한다. 어떤 것이 더 가치 있는지 판단하는 틀을 가지고 있는 셈이다. 내가 믿는 진실, 가치관이 거기에 담겨 있다.

그런데 그 틀이 정말 맞는 것인가에 대해서는 고민해 볼 필요가 있다. 오래전 심어진 틀이기에 의심 없이 그 틀이 나를 조정하는 대로 생각하고 행동할 수 있겠지만, 그 생각과 행동이 나를 힘들게 하는 원인일 수도 있는 것이다.

'시험에 떨어져도 너무 낙담하지 말고 용기를 내서 다시 도전해'라는 생각, 훌륭한 생각이다. 그러나 낙담한다고 해서 잘못된 것도 아니고, 내가 나약한 사람인 것도 아니다. 열심히 준비한 시험에서 떨어지면 속상한 것이 당연한 감정 반응이다. 만약 섬세한 성격의 소유자라면 그 속상함의 정도도 더 클 것이다.

그런데 앞의 이야기가 나를 판단하는 틀이 되어 버리면, 시험에 떨어져 낙담한 것도 속상한데 낙담하는 자신을 한심하게 여기고 자책까지 하게 되니 마음이 더 지치고 용기마저 잃게 된다.

실패했을 때 낙담하지 않고 용기를 내기 위해서는 실패와 용기 사이에 충분한 위로의 시간이 있어야 한다. 다시 말하면 시험에 떨어졌을 때 충분히 나 자신을 다독여 주고 주변으로부터 위로받는 것이 중요하다는 것이다.

마찬가지로 '이젠 다시 상처받지 않을 거야'라고 스스로 다짐한다고 해서 상처받지 않는 단단한 마음을 가질 수 있는 것도 아니다. 살다 보면 속상한 일은 생길 수밖에 없고, 이럴 때 나를 위로해 줄 시스템을 잘 만들어 두어야 강해질 수 있는 것이다.

직설적으로 바른말 해주는 친구도 소중하지만, 동시에 나의 입장에서 공감해 주고 따뜻한 위로의 말을 해 주는 친구도 있어야 한다.

내 마음도 마찬가지다. 내 문제에 대해서 날카롭게 분석하는 것도 필요하지만, 낙담했을 때는 우선 수고했다며 자신을 위로하는 과정이 꼭 필요하다. 나를 잘 위로해 주는 친구를 내면에 품고 잘 키워야 한다.

섬세한 감성을 가진 사람들의 경우, 마음이 더 강해지기 위

해서는, 스스로 섬세한 만큼 자신을 공감해 줄 이를 자신의 주
변과 마음 안에 잘 확보하는 것이 필요하다.

억지로 다스려지지 않는 기분들

감정은 내가 의지로 만들어 내는 것이 아니라 마음에서 자동으로 생성되는 것이다. 물론 불편한 사람을 보면서도 억지웃음을 지을 수 있지만, 그건 내가 통제할 수 있는 얼굴 근육을 이용해 웃는 얼굴을 만들어 낸 것이지 속마음까지 웃고 있는 것은 아니다.

이렇게 자동 생성되는 감정이 예쁘기만 하면 좋을 텐데 우리 마음은 이기심, 질투, 성적 욕구 등 감추고 싶은 감정들로 가득하다. 물론 그것들이 나쁘다는 것은 아니다. 이기심과 질투는 경쟁에서 살아남고자 하는 욕구이고, 성적 욕구도 생물학적 2세를 만들어 인류를 존속시키는 데 필수적인 것이다. 그러나 그것들이 만들어 내는 감정은 19금 격이라 무의식에서 튀어나와 스스로 그 감정을 인식하게 되면 민망해진다.

아래 내용은 그러한 감정 때문에 속상하다는 사연이다.

오늘 집을 나서서 출근하고 있는데 어떤 행색이 초라한 할머니가 저한테 와서 배가 고파서 그러니 100원만 달라고 하셨어요. 전 짧은 순간 많은 생각을 했던 것 같아요. 그러다가 "할머니 제가 돈이 없어서요"라고 말하며 휙 지나쳐 버렸지요.

처음엔 '잘했어. 저런 사람들한테 돈을 주면 안 되지. 노력이라고는 안 하고, 나 말고 다른 사람들한테도 가서 맨날 구걸하며 살아갈 거야'라고 생각했죠. 근데 출근하고 나서 갑자기 '100원이라도 줄 걸 그랬나. 마르신 것 같던데 진짜 굶고 다니시는 건가. 어떡하지? 너무 불쌍하다. 마음이 너무 아프다' 하는 후회가 밀려왔고, 장시간 그 할머니를 생각하며 인상 팍 쓰고 한숨을 푹푹 쉬고 있는 거예요.
전 불쌍한 사람, 강아지, 약자, 이런 사람들을 보면 너무 슬프고 괴로워요. 세상은 왜 그럴까 하는 생각도 들고요. 불쌍한데 내가 도와주지도 못하면서 슬퍼하는 현실도 힘들어요.

우리가 민망함 같은 부정적인 감정을 털어내기 위해서 쓰는 방어법 중의 하나가 자기 합리화이다. 위의 사연에서 '내가 도와주면 계속 구걸하며 살아갈 거야'라고 생각한 부분이 자기 합리화에 해당한다. 그러나 감정은 에너지라 자기 합리화로 잠시 찍어 누를 순 있으나, 딴생각하는 사이 수면 위로 확 튀어나올 수 있는 것이다.

내 마음을 너무 가위질하지 마세요

20대 초반에 영화를 보다 너무 화가 났던 기억이 있다. 영화 중간의 매우 중요한 장면에서 가위질을 해버려 갑자기 다른 장면으로 점프하는 바람에, 영화에 몰입했던 감정이 팍 깨져 버렸을 때였다.

우리가 영화를 보는 이유 중 하나는 진짜보다 더 진짜 같은 가짜이기에 영화 속 이야기에 감정을 몰입할 수 있기 때문이다. 영화를 가위질한다는 건 대놓고 '나는 현실이 아니다' 하는 셈이니 재미가 훅 떨어질 수밖에 없다.

그래서 당시 나는 "도대체 누가 내 허락도 없이 영화에 가위질하는 것이냐"며 울분을 토했던 것 같다. 가위질하는 본인들은 다 보았을 것 아니냐며, 이런 말도 안 되는 권위적 통제가 어디 있느냐고.

앞의 사연을 다시 들여다보면, 지금 도와주면 의존성이 생길 거라고 합리화하며 도와 달라는 할머니를 지나쳤는데 출근 후 갑자기 불쌍한 감정이 치솟으면서 죄책감이 들었다는 내용이다. 그러다 보니 이런 세상도 싫고 그런 마음 때문에 고생하는 것도 힘들다고 사연 속 주인공은 말한다.

우리 마음엔 이타심과 이기심이 공존한다. 그래서 가위질이 필요 없는 건전한 감정 반응을 만들어 낼 때도 있지만 내가 봐도 부끄럽고 남이 볼까 걱정되는 감정 반응도 만들어 낸다. 그런 감정에 대해서는 셀프로 가위질하기 쉽다.

자기 합리화를 하기도 하고, 억지로 불편한 마음을 없애고자 억압이라는 방어기제를 사용하기도 한다. 그러나 앞서 말했듯 감정은 에너지라 누르려 하면 더 강력하게 튀어 올라 우리를 곤란하게 할 수 있다.

우리는 착하고 아름다운 영화만 보지 않는다. 때로는 검은 욕구로 가득한 영화를 보며 인간 내면을 이해하고 그로 인해 감동받거나 성숙해진다. 비평가들은 후자의 영화가 더 예술적 가치가 있다고 평하기도 한다.

우리 마음이 만들어 내는 여러 감정이 뒤섞인 영화에 대해서도 검열 없이 보는 여유가 필요하다. 개인의 생존만 생각하는 이기심이나 이기적 행동만으로는 사회가 유지될 수 없기에 고급진 쾌감을 주도록 진화된 이타적 감정, 행동 모두 자연스럽고 필요한 것들이다.

하지만 좋은 감정만 느끼는 것이 행복이라고 정의하면 행복하기가 정말로 힘들다. 불가능하기 때문이다. 살면서 가장 많이 느끼는 감정이 '우울'이라고도 하니 말이다. 행복한 삶을 유지하기 위해서는 좋은 감정만 느끼는 것이 아니라 희로애락의 여러 감정을 느끼는 그 자체에 의미를 부여하고 즐길 수 있는 여유를 갖는 것이 더 중요하다.

매일
조금씩
나를
더
사랑하는
연습

일주일에 시 세 편 읽기

사람의 마음은 논리보다 은유에 움직인다. 은유에 친숙해지는
것은 내 마음을 바라보는 데 큰 도움이 된다.

친구를 만나 기분 전환할 시간도 없다면 잠시 서점에 들러 시
집을 한번 읽어보라. 다 읽을 필요도 없다. 서점에 가는 발걸음,
시 한 편 읽는 것만으로도 우리 뇌를 충전할 수 있을 것이다.

이성에 희생당했던 감성을 위하는 순간이니까.

시를 공부하라는 말이 아니다. 그냥 읽으라는 것이다. 때로는

구구절절한 이야기보다 한 줄 시가 우리에게 더 큰 감동으로 다가온다. 시는 메타포metaphor 위에 얹혀 있다. 메타포는 '은유'라고도 하는데, '원관념 A는 보조관념 B다' 하는 식으로 대상의 속성을 보조관념으로만 표현하는 것이다.

예를 들어 '인생은 여행이다' 하면 어떤 느낌이 드는가? 인생을 '여행'이라는 메타포를 활용해서 이야기하면 인생의 한 단면이 더 잘 이해된다. 여행이라는 단어가 인생이라는 단어보다 훨씬 시각적이며 손에 잡히기 때문이다. 이러한 시적 소통은 논리적 소통보다 마음에 강한 여운을 남긴다.

그래서 시적 소통, 메타포 커뮤니케이션은 힐링을 위한 심리 치료에서도 활용된다. 논리적 말보다 은유적 시가 내 마음에 더 큰 위로를 줄 수 있기 때문이다.

꼭 복잡한 시를 읽을 필요는 없다. 시가 어렵다면 대중가요를 틀어놓고 천천히 가사를 함께 읽는 것도 좋다.

진
짜자
내
마음을 들여다보려면?

세 사람 이상이 내 성격의 어떤 부분에 대해 동일한 언급을 하면, 내 생각에 그렇지 않더라도 '그것이 나는 못 보지만 남에게는 잘 드러나는 진짜 내 모습이구나'라고 생각하려고 애썼던 적이 있다. 애를 써야 했던 것은 상대방의 의견을 받아들이는 데 저항이 있었기 때문일 것이다. 특히 부정적인 면에 대한 언급이라면 억울하고 화가 나고 저항도 더 심할 수밖에 없다.

그런데 요즘은 예전보다 애를 덜 쓰는 것 같다. 나에 대한 이해가 늘어난 탓도 있겠지만, 상대방의 평가에 대한 저항이 줄어든 것도 그 이유일 것이다. 내 생각과는 다른, 나에 대한 타인의 평가에 대해 여러 감정 반응이 일어나도 거기에 휩쓸리지 않고 상대방의 말이 옳을 수도 있다는 가정하에 객관적으로 바라볼 수 있는 여유가 생긴 게 아닌가 싶다.

물론 여전히 확 열이 받고 짜증 날 때도 적지 않다. 그건 무언가 내 무의식의 아킬레스건을 건드렸기 때문일 것이다. 역설적으로 생각하면, 나에 대한 상대방의 평가에 저항이 강하게 일어날수록 그것이 내 마음 깊이 숨기고픈 진짜 내 모습일지 모른다.

자신을 객관적으로 보는 힘이 생기려면

정신분석 치료를 할 때 치료자가 주의해야 할 것으로 이른 해석early interpretation이라는 것이 있다. 내담자가 아직 자기 내면의 모습을 받아들일 준비가 돼 있지 않은 상태에서 치료자가 자기 눈에는 보인다고 너무 일찍 그 문제에 대한 해석을 공개해 버리면 내담자의 마음에 강한 저항감이 생기면서 오히려 치료에 부정적인 영향을 미친다는 것이다.

일례로 언니를 너무 좋아해 다른 사람과 관계 맺는 데 어려움을 겪는 여성이 있는데, "언니 말고는 다른 사람과 친해지기가 쉽지 않아요. 저를 무시하는 것 같고 항상 저만 좋아하다 버림받는 것 같아요."라고 고민을 털어놓는 여성에게 치료자가 잘난 척하며 이렇게 말하는 것이다.

"당신은 언니를 좋아하기도 하지만 동시에 질투하고 미워하는 마음도 같이 가지고 있어요. 또 언니보다 못한 자신에 대한 열등감이 크고 동시에 잘해 주는 언니를 미워하는 데 대한 죄책감도 가지고 있어요. 그 열등감이 관계에 영향을 미쳐 작은 갈등에도 크게 실망하게 되고 결국 관계가 멀어지면 내가 버림받았다고 생각해 자신을 피해자로 만들어 방어하고 있는 거예요. 동시에 언니를 미워하는 죄책감에서 벗어나고자 스스로 벌을 주고 있는 것이기도 하고요."

내담자의 마음에 충분한 힘이 있어 그것을 받아들이고 변화의 동기로 삼으면 좋겠지만 그러기란 쉽지 않다. 이른 해석으로 인해 그녀의 상처는 더 깊어지고, 자신의 속마음을 더 깊이 숨기게 될지 모른다.

그럼 언제 해석을 시작해야 하는가. 내담자에게 자신의 마음을 스스로 볼 수 있는 힘이 생긴 후에 조금씩 강도를 높여 가며 이야기해야 한다. 즉, 감정 반응을 느끼는 자신의 자아에서 일부를 분리해 관찰자의 시점에서 그것을 볼 수 있을 때다.

관찰자의 시각을 가지게 되면 내담자는 치료자와 같은 편이 되는 셈이다. 물론 여전히 저항이 생기겠지만 관찰자로서 치료자와 같은 마음을 가질 수 있기에 자신을 객관적으로 보는 힘이 커진다. 그리고 나면 자신의 마음속 갈등, 결핍 등 부정적인 부분에 대한 이해도 늘어나게 된다.

물론 이해하게 된다고 금방 본질적인 변화가 일어나는 것은 아니다. 마음에 이미 회로가 생겨 버린 감정 반응에 변화를 주기 위해서는 꾸준한 마음 훈련이 필요하다.

앞의 예로 돌아가 보면, 관계에서 갈등이 생겨 '재도 나를 진심으로 좋아하지 않아. 결국 나는 버림받을 거야'라는 감정 반응이 일어날 때 자신에게 '이 감정은 내 안의 열등감과 연결된 거야. 어느 관계든 갈등은 생길 수 있어. 이 갈등을 극복해 가는 것이 만남의 묘미이고 그런 과정을 거쳐야 좋은 관계로 발전할 수 있어'라고 셀프 해석을 하며 조금씩 용기를 내어 자신의 마음과 행동에 변화를 주는 마음 훈련이 필요한 것이다.

그러다 보면 조금씩 부정적인 감정 반응에 대해 여유로움도 생기고 대인 관계도 좋아지게 된다.

왜곡된 감정 습관에서 자유로워지기

앞선 설명을 읽는 것만으로도 자신의 감정 습관을 객관적으로 돌아보고 긍정적인 변화를 일으키는 것이 엄청나게 어려운 일임이 느껴질 것이다. 오죽하면 '자신의 감정 습관 돌아보기'의 첫걸음이 내 감정 습관을 객관화하고 긍정적인 변화를 일으키는 데 실패했다고 좌절할 필요가 전혀 없음을 받아들이는 것이겠는가.

감정 습관을 만드는 내면의 여러 콘텐츠들은 우리의 무의식 깊이 숨어 있기에 아무리 노력해도 주관적인 마음의 내면을 완전히 이해하기란 불가능하다. 그야말로 빙산의 일각을 보는 일일 것이다. 그러니 구구단을 외우듯 마음 훈련을 해서는 안 된다. 나를 알아가는 마음 훈련을 숨을 쉬듯 내 삶의 자연스러운 일상으로 생각하는 것이 좋다.

20년 넘게 마음 치료를 한 나도 내 마음을 살피기는 쉽지 않다. 관계에서 부정적인 느낌이 들면 불안감이 엄습한다. 예전과 달라진 점이 있다면, 그때는 그 불안을 진짜 위기 신호라고 생각하고 즉시 여러 행동을 취했지만 이젠 그 욕구를 잠시 누르고 그 불안감은 진짜가 아닌 내 마음의 왜곡된 감정 습관일 것이라 객관화하려고 노력한다는 것이다.

물론 여전히 만만치가 않다. 하지만 노력 후 긍정적인 경험을 하게 되면 점점 왜곡된 감정 습관에서 자유로워지는 자신을 발견하게 된다.

일례로 거절에 민감하다는 것은 모든 사람과 가까워지고 싶다는 욕구가 있다는 뜻이다. 거리를 두는 상대방의 사소한 행위, 전화를 받지 않거나 바로 답신이 오지 않을 때 불안감이 엄습하게 된다.

'내가 실수한 것이 있나?', '내가 싫어진 건가?', '어떻게 나에게 이럴 수 있지?', '아 피곤해, 그냥 내가 먼저 정리해 버리자' 등등 여러 감정 반응이 찾아오는 것이다. 이때 이 감정을 좇아 행동하게 되면 문제가 발생하기 쉽다.

불안한 마음에 수십 번 전화를 걸거나, 어떻게 나에게 이럴 수 있느냐며 부정적인 메시지를 보내는 것이다. 그런데 실제로는 상대방의 핸드폰이 고장 나 답신을 못 한 것이라면 어떻게 되겠는가? 일단 나는 머쓱하고 창피하며, 상대방도 기분 좋지 않을 것이다.

'무언가 다른 이유가 있을 거야'라고 생각했다면 그렇게 행동하지 않았을 텐데, 그리고 그것이 객관적으로 더 옳은 판단일 텐데 거절에 예민한 경우 '나를 싫어해서 그런 걸 거야'라는 감정 반응이 나오는 것이다.

부정적인 감정 습관이 없는 사람은 없다. 그리고 이 습관은 문신처럼 내 마음 깊이 새겨져 있기에 완전히 지워 버리는 것이 사실상 어렵다. 하지만 마음 훈련을 통해 어느 정도는 극복할 수 있다.

못하는 것보다 잘하는 것에 집중하기

자신의 성격을 바꾸고 싶은데 생각대로 잘 되지 않는다고 고민하는 분들이 적지 않다. 매력적이라고 생각하는 사람의 행동을 떠올리며 나도 그렇게 해보려고 애쓰지만 잘 되지 않는다. 잘 안 되니 더욱더 "난 이래야 돼"라며 자신을 강박적으로 다그치게 된다.

물론 매력적인 롤모델의 성격을 닮으려고 하는 것은 나쁜 일이 아니다. 긍정적인 모델링이라 할 수 있다. 하지만 그것이 너무 심해 강박처럼 된다면 마음도 지치고, 지친 마음으로 인해 변화의 동기도 약해져 버린다.

모델링을 통한 긍정적인 변화도 필요하지만 있는 그대로의 내 모습을 예뻐해 주는 여유로운 마음을 갖는 것도 중요하다. 너는 인간적이어야 해, 착해야 해, 웃어야 해, 마음에서 우러나와야 해, 이런 식으로 너무 강박적인 변화를 추구하다 보면 자존감도 떨어지고 사람 만나기가 두려워질 수 있다.

성격은 일정하게 지속되는 패턴이다

우선 성격이란 무엇일까. 성격은 나에게 주어지는 여러 자극들에 일정하게 반응하는 패턴을 말한다. 여기서 자극은 다른 사람이 나에게 주는 자극일 수도 있고 내 마음 안에서 흘러나오는 자극일 수도 있다. 언어적 자극일 수도 있고 시각적 자극일 수도 있다. 이러한 자극에 반응해서 내 감성, 생각, 행동 등이 표현되는데, 사람마다 다 고유의 표현 패턴을 갖는다. 이를 성격이라 한다.

그런데 성격의 한 특징이 되기 위해서는 그 반응이 일시적인 것이 아니라 일정하게 지속되어야 한다. 거꾸로 이야기하면 성격은 잘 바뀌지 않는다는 이야기다. 내성적인 성향이 불편해 억지로 외향적인 성격으로 바꾸려고 노력한다고 쉽게 바뀌지 않는다. 반대로 나서기 좋아하고 말하기 좋아하는 사람이 침묵을 지키는 무뚝뚝한 사람이 되겠다고 마음먹은들 그 성향 자체가 바뀌기는 어렵다.

그러다 보니 성격을 바꾸려고 지나치게 인위적인 노력을 하다 보면, 마음도 지치고 자기 성격이 가지는 긍정적인 면마저 가리게 된다. 자존감마저 떨어져 버릴 수 있다. 변화 이전에 있는 그대로의 내 모습을 예뻐해 주는 여유로운 마음을 갖는 것이 중요하다. 또 내 성격에 대해 긍정적으로 생각하는 틀 안에서 조금씩 성격의 변화를 위해 노력하는 것이 필요하다.

상식적으로 좋은 성격을 갖기 위한 전략이 무엇일까 생각해 보면 크게 두 가지 방법이 있다. 하나는 자기 성격 중 마음에 들지 않는 부분을 바꾸어 버리는 것이다. 즉, 문제를 파악하고 해결하는 전략이다. 또 하나는 자기 성격의 긍정적인 면을 더 강화하는 것이다. 문제보단 장점을 파악하고 극대화하여 단점을 약화시키는 전략이라 볼 수 있다.

전자를 결함 중심 접근 전략, 후자를 강점 중심 접근 전략
이라 하는데, 자신이 어떤 방법을 삶에서 주로 활용하고 있는
지 한번 살펴보면 대체로 결함 중심 접근에 익숙한 것을 느끼
게 될 것이다. 문제 해결 위주로 교육받은 것이 원인이 될 수
있겠다.

앞의 두 방법은 각기 장단점이 있지만, 성격에 긍정적인 변
화를 주기 위해서는 결함을 해결하는 것보단 강점을 강화하는
것이 효율적이다. 즉, 마음에 들지 않는 특징을 없애는 것보다
마음에 드는 특징을 강화시키는 것이 더 효과적이라는 것이다.

내가 못하는 일보다 잘하는 일 찾아 강화하기

조직에서 현안을 해결함에 있어 주로 사용하는 전략이 결
함 중심 접근이다. 현재 문제의 원인이 무엇인지 분석해서 찾
아내고 그것을 교정하는 방법이다. 이 방법은 효과가 있지만,
너무 문제 중심 접근을 하다 보면 뇌에서 저항 심리가 생기는
것으로 알려져 있다.

한 병원에서 간호사 이직률이 높아 대책 위원회를 구성했
다. 항상 그랬듯이 문제점을 파악하고 개선하고자 노력했지만
이직률이 떨어지지 않았다. 문제점을 파악하기 위해 회의와 인
터뷰를 많이 하다 보니 오히려 구성원들 마음에 '우리 병원은

나쁜 곳'이라는 이미지만 더 강해져 버렸다.

그래서 새로운 접근을 해보았다. 불안이 아닌 만족감을 주는 우리 조직의 강점을 찾아보기로 한 것이다. 즉, 강점 중심 접근을 시도했다. 퇴사의 이유를 찾기보다는 안 나가고 만족스럽게 다니는 직원들에게서 회사의 강점을 찾고, 그 강점을 더 강화했다. 그랬더니 의외로 이직률이 떨어졌다. 강점 중심 접근이 오히려 더 효과적이었던 것이다.

자신이 부족한 부분에 대해 다그치듯이 변화를 강요하는 것은 오히려 마음에 저항만 일으켜 좋지 않을 수 있다는 이야기이다. 매력적인 성격으로 바뀌고 싶다면 우선 변화의 노력을 하기 전에 내 성격이 어떤지 살펴볼 필요가 있다. 특히 긍정적인 부분에 대해서 말이다.

긍정적인 부분이 없다고 이야기할 수도 있겠지만, 그럴 수는 없다. 반사회적 성격이 아닌 다음에야 모든 성격엔 장단점이 있기 때문이다.

사람 한 명 사귀지 못할 것 같은 내성적인 성격의 소유자가 사업에 크게 성공한 경우를 적지 않게 보게 된다. 대인 관계를 잘 맺는 활달한 성격이 성공에 유리하다는 상식과는 잘 맞지 않는다. 그러나 말수가 적고 수줍음을 타는 내성적인 모습이 오히려 다른 사람의 신뢰를 얻어 사업적으로 성공할 수도 있는 것이다.

다른 예로 까칠한 성격을 가진 사람이 의외로 진짜 친구가 많은 경우를 보게 된다. 남의 비위를 맞추기보다 자기 의견을 솔직하게 말하는 성격이다 보니 애매한 친구는 빨리 떨어져 나가 회사의 친구 수는 적어도 속마음까지 통하는 친구는 더 많을 수 있는 것이다. 반대로 남에게 잘 맞추는 성격을 가진 사람이 정말 친구가 있는지 모르겠다고 외로움을 호소하는 경우도 보게 된다.

내 성격의 특징을 이해한 후, 억지로 먼저 단점을 고치려 하지 말고 우선 내가 가진 장점을 강화시켜 나가다 보면 2차적으로 단점까지 좋아지는 것을 경험하게 될 것이다.

내성적인 사람이 억지로 활달한 모습을 연기하다 보면 쉽게 지치고, 누가 나를 좋아해도 진짜 내 모습이 아니어서 마음이 공허하게 된다. 그러나 용기를 내어 내 모습 그대로를 보여주었는데 상대가 긍정적인 반응을 보이면 대인 관계에 자신감이 붙으면서 조금씩 사교적인 모습도 가질 수 있다.

"생긴 대로 잘 살아 봅시다!"

나의 감정 습관을 글로 써 보기

쉽게 혼자 할 수 있는 방법으로 내 감정을 글로 써 보기를 추천한다. 먼저 내 감정을 글로 쓴 다음, 이 감정을 일으킨 사건에 대해서도 정리해 본다. 짧은 연기 대본인 셈이다. 그러고는 관객이나 감독의 입장에서 이 사건에 꼭 이러한 감정 반응만이 가능한지를 한번 생각해 보는 것이다.

다른 가능성에 대해서 생각해 보는 시간을 가진 뒤 그것을 적어 보라. 그리고 가장 긍정적인 가능성에 비중을 두고 행동해

보라. 이러한 경험이 쌓이면 실제 그 행동에 긍정적인 결과가 따라왔을 때 점점 부정적인 감정 습관에서 벗어나는 힘을 강화할 수 있다.

혼자 하기 어렵다면 공감과 신뢰가 가능한 친구와 자신의 감정 습관을 함께 나누는 것도 좋다. 믿을 수 있는 친구의 객관적 시각의 도움을 받는 것이다. 드러내기 쑥스럽다면 남의 이야기인 양 그 사건과 감정 반응에 대해 대화를 나눠 보자.

이때 좀 더 비판적인 친구 한 명, 잘 받아주고 보듬어 주는 친구 한 명, 이렇게 두 명과 각각 이야기를 나누면 자신의 감정 습관을 객관화하고 마음을 다스리는 데 더 효과적일 수 있다.

불편한 마음을 구체적으로 표현해 보세요

나이가 들수록 너그러워져야 할 것 같은데, 사소한 일에도 자주 화가 난다. "운전 중 화가 나면 주체할 수가 없어요", "별것 아닌 일에도 순간적으로 이성을 잃고 심하게 화를 내 상대에게 상처를 줍니다" 등 과도한 분노 반응이 나와 당황했다는 사연을 적지 않게 만나게 된다. 꼬리를 무는 분노 범죄에 '분노 사회'라는 말까지 등장했다.

화, 분노는 불편하지만 그 자체로 병적인 감정 반응은 절대 아니다. 분노는 내 마음의 공격성과 연결돼 있다. 위기에 처했을 때 생존을 위해 공격 행동을 일으키는 감정 신호가 바로 분노다. 상대방이 나를 때리는데도 마음이 평온하다면 결투에서 이길 수 있겠는가.

그러나 서부활극의 주인공도 아닌데, 분노를 함부로 내보였다가는 이상한 사람이 되기 십상이다. 그래서 분노가 외부로 터져 나와 행동으로 표현되면 어떡하지 하는 불안이 발생한다. 상사 등 강한 사람 앞에서 분노 조절이 잘되는 것은 그 불안감이 커서 더 강하게 억누르기 때문이다.

그런데 그렇게 분노를 계속 누르기만 하다 보면, 뚜껑을 닫은 채 치약을 꾹 눌렀을 때 옆구리에서 새어 나오듯, 엉뚱한 곳에서 화가 터져 나올 수 있다. 그래서 내 차 앞에 끼어든 차량의 운전자가 평생의 원수처럼 느껴져 보복 운전까지 하게 되는 것이다.

분노 자체는 병적인 반응이 아니지만, 공격이기에 상대방에게 표현하면 일단 관계에는 손상이 생기게 된다. 그렇다고 억누르면 더 진하게 성숙되어 엉뚱한 곳에다 화풀이하게 돼 나에게 손실을 입힐 수 있다. 또 억지로 분노를 참으며 겉으로만 아무 일 없는 척 유지하는 관계도 유익하다 할 수는 없을 것이다.

화낼 가치가 있다면 구체적으로 표현하세요

분노라는 감정을 조절하는 것은 그리 쉬운 일이 아니다. 그러나 분노를 참고 마음 안에 쌓아 두기만 하면 묵은 김치처럼 더 시큼하게 발효돼 버리기에 그때그때 해결하려는 노력이 필요하다. 거창한 철학적 대안은 아니고 일상에서 써볼 만한 소박한 분노 대처법을 소개해 본다.

우선 분노감이 생기면 하루 정도는 표현하지 않고 내 감정을 지켜볼 필요가 있다. 흥분한 상태라 과도한 공격 반응이 나와서 상대방뿐 아니라 자신에게도 손해를 끼칠 수 있기 때문이다. 또 내 마음 상태가 좋지 않아 그냥 지나갈 수 있는 일인데도 화를 낸 것일 수 있기 때문이다.

몸에 혈당이 떨어져 배가 고플 때 부부 싸움이 늘어난다는 연구도 있다. 이런 경우는 화낼 필요 없이 밥을 먹으면 분노가 가라앉게 된다.

수일간 자신의 감정을 지켜보았는데도 분노감이 지속된다면 상대가 '화를 낼 가치'가 있는 사람인지에 대해 생각해 봐야 한다. 누군가에게 분노를 표현하는 것은 내 마음도 다치게 하는 일이다. 그럴 가치가 없는 상대라면 그냥 멀리하거나 상대방에 대한 긍정적인 마음을 거두는 것으로 분노를 표현하는 것이 좋다.

분노 반응은 내가 아픈 만큼 상대방의 마음을 불편하게 하려는 공격인데, 오히려 분노를 표출해 상대의 마음을 편하게 만들 수도 있다. 화를 낸다는 것은 어찌 되었건 성숙한 행동은 아니기에, '착한 척하더니 너 그럴 줄 알았어' 하는 식으로 상대방이 자신의 잘못을 합리화할 수 있기 때문이다.

마음을 표현해 관계 개선을 할 가치가 있다고 느껴진다면, 구체적으로 상대의 어떤 행동이 나를 속상하게 했는지를 말해 주어야 한다.

구체적인 지적 없이 격분한 나머지 그냥 통으로 "넌 성격이 이상해", "넌 가망이 없어" 식으로 분노를 표현하면 관계 개선 없이 마음의 상처만 키우게 된다. 또 나에 대한 이해도를 높일 수 있는 소중한 기회를 놓치게 된다. 구체적으로 생각해 봐야 내가 무엇을 원하는지 정확히 알 수 있다.

남자친구가 여자 후배들과 격의 없이 지내는 것 때문에 다툼이 생겨 이별 직전까지 간 여성이 있었다. 남자친구에게 막연하게 이야기하지 말고 '일과 관련해 만나는 것은 어쩔 수 없지만 개인적인 만남은 하지 않기' 등 구체적으로 두세 개의 항목을 종이에 써서, 이것만은 지켜 달라고 말해 보라고 조언했다.

그 여성은 수차례 화를 내며 이야기해도 고쳐지지 않았던 문제라 밑져야 본전이라는 마음으로 시도했는데, 남자친구가 의외로 문제를 정확히 모르고 있는 상태였고 제안을 쉽게 받아들여 놀랐다고 한다. 이후 관계가 좋아져 두 사람은 결혼까지 했다.

또 상대에게 섭섭한 것을 이야기할 때는 '이런 점은 참 좋아. 그런데 이런 점이 나를 화나게 해' 식으로 칭찬을 곁들이는 것이 좋다. 그래야 상대방에게 기분 좋은 동기 부여를 줄 수 있다. 지금도 좋은데 더 좋은 사람이 되라는 부탁이기 때문이다.

사람을 혐오하는 마음은 공감 능력이 떨어져 세상을 따뜻하게 볼 수 없기 때문에 생긴다. 하지만 여기에 부정적인 면만 있는 것은 아니다. 세상을 새롭게 이해하는 철학의 탄생은 기존의 가치에 대한 혐오감에서 시작된다.

'세상은 착하다. 그래서 행복하다'보다 '세상은 이중적이야. 그렇지만 사랑하면서 살 거야'라고 생각하는 것이 더욱 성숙한 가치관 아닐까. 또 혐오감을 통해 내가 사는 세상과 사람에 대해 냉정하게 이해할 수 있다. 사고가 성숙해지는 것이다.

그러니 불쑥불쑥 솟아오르는 분노 반응에 대해 걱정할 필요는 없다. 그저 '내가 열심히 살다 보니 방전됐구나. 열심히 살아서 얻은 합병증이군. 세상에 대한 이해의 폭이 넓어지는 과정이네. 멋지다!' 하고 생각하라. 실제로 그것이 정답이다.

결코 나쁜 사람이 되었거나 성격이 망가진 것이 아니니 자신을 탓하거나 비난할 필요가 없다. 그러다 보면 안 그래도 방전된 에너지가 더 소진돼 버릴지 모른다. 자신을 따뜻하게 이해할 때 방전된 감성 배터리는 충전 모드로 바뀐다.

2장

___

언제나
최선을
다할 순 없어요

"부쩍 화가 늘었습니다."
뇌가 지쳐서 그렇습니다.

"분노 조절이 안 됩니다."
쉽게 화가 나는 건 뇌가 지쳤다는 신호입니다.

"다 그만두고 훌쩍 떠나고 싶습니다."
뇌가 지쳐서 심리적 회피 반응이 일어난 것입니다.

당신은 놀아야 합니다.
뇌가 지치지 않도록 더 많이 놀아야 합니다.

아침에 눈 떴을 때의 기분이 말해주는 것

우울증 환자의 컨디션이 가장 안 좋은 시간은 언제일까. 일상의 피로에 지친 저녁 시간일 것 같겠지만, 예상과 달리 아침이다. 눈뜰 때 느끼는 첫 느낌이, 가장 가공되지 않은 감성 시스템의 솔직한 표현이기 때문이다.

하루를 보내면서 감성은 이성의 요구에 따라 조정된다. 감성 노동이 일어나는 것이다. 감성 노동은 서비스직 종사자들에게만 일어나는 현상이 아니다. 현대인들은 정도의 차이만 있을 뿐 모두 감성 노동 속에서 살고 있다. 하고 싶은 일보다 해야 하는 일을 하는 것이 감성 노동이다. 감성 에너지가 사용 또는 방전 상태로 스위치가 켜지는 것이다.

피로 사회에서 산다는 것

"아침에 눈떴을 때 첫 느낌, 스스로가 근사하게 느껴지세요?"라고 종종 기업체 강연 시간에 물으면 그렇다고 손을 드는 이가 열에 한 명도 안 된다. 때론 백 명 넘는 청중이 모두 전사해 나를 당황케 할 때도 있다.

'근사함'이란 스트레스 관리 측면에서 볼 때 최고의 정서 상태이다. 근사함은 이성적 콘텐츠가 아닌 내 감성 시스템이 제공하는 고품질의 에너지 콘텐츠다. 누가 나에게 뭐라 하든, 경쟁 속에 좌절이 닥치든 말든 내 마음의 근사함만 유지할 수 있다면, 스트레스로 감성 시스템이 '녹다운'되는 것을 막을 수 있다.

그러나 현실은 어떠한가. 너무나 근사한 이들조차 자신을 근사하게 여기지 않는다. 희한한 것은 신입사원들은 스스로가 근사하다며 번쩍 손을 드는데, 오히려 갖은 고생 끝에 높은 지위에 올라선 분들의 손이 잘 올라가지 않는다는 것이다.

처음에는 '쑥스러워서 그러신가' 하고 생각했는데, 그게 아니었다. 자본주의 경쟁사회에서 실제적인 지위는 올라가고 있지만, 자기 자신에 대한 평가는 오히려 떨어지는 현상이 마음에서 일어나고 있었다.

근사함이 사라진 마음은 충전될 수 없고 계속 방전만 되기에, 뇌의 에너지가 다 타버린다. 뇌를 끊임없이 작동시키다 보니, 뇌에 피로 현상이 찾아오는데 이를 소진증후군burnout syndrome이라 한다.

이렇듯 소진된 개인이 모이면 피로 사회가 된다. 또 역으로 피로한 사회는 개인을 소진시킨다. 개인과 사회 시스템이 끊임없이 상호작용을 하다 보니 소진증후군이 전염병처럼 늘어나고 있다. 소진된 마음은 근사한 사람에게서 근사한 마음을 빼앗아 간다.

소진증후군이 찾아오면 세 가지 문제가 뚜렷하게 찾아온다. 먼저 의욕이 떨어진다. 일을 하고 싶지 않다. 의지를 동원해서 애써 봐도 동기 부여가 잘 되지 않는다. 그리고 성취감이 떨어진다. 노력해서 무언가 목표를 달성해도 만족감이 잘 느껴지지 않는다.

마지막으로 공감 능력이 현저히 떨어진다. 공감은 남을 위로하는 능력이면서 내가 남에게 위로받는 능력이기도 하다. 내가 지쳤을 때 상대방에게 따뜻한 감성 에너지를 받아 충전해야 하는데, 주는 것은 고사하고 받는 것도 잘 안 되는 마음 상태가 된다는 것이다.

치열한 내 삶과 거리 두기

소진증후군의 초기 증상을 단계별로 짚어 보면, 1단계에서는 '깊은 잠을 못 잔다', '집중력이 떨어지고 건망증이 생긴다', '짜증이나 화가 난다' 같은 증상을 호소한다. 직장이나 음식점 같은 곳에서 과도하게 화를 내기도 한다.

제아무리 성격이 좋은 사람도 뇌가 방전되면 관계에 있어 예민해질 수밖에 없다. 공감 능력이 떨어져서 소통에도 어려움을 겪게 되며, 신체적으로 어지럼증이나 이명, 소화 불량 같은 증상이 나타나기도 한다.

2단계에서는 심리적 회피 반응이 나타난다. '다 때려치우고 어디로든 떠나고 싶다'는 생각이 드는 것이다. 회피가 꼭 나쁘다고 할 수는 없지만, 문제 해결에는 아무 도움도 되지 않는다. 또 뇌가 방전되면서 현재에 몰입하지 못하는 반면, 과거에 대한 후회, 미래에 대한 불안으로 가득해진다. 방전되다 보니 현재를 못 느끼고 그러다 보니 또 방전되는 악순환에 빠지는 것이다.

내가 의미 있는 삶을 살고 있다고 느끼면 스트레스 관리는 자동적으로 이루어진다. 대기업에서 고위직으로 승진한 사람일수록 삶에 대한 만족도가 떨어지는 경우를 보게 되는데, 너무 앞만 보고 달려가다 방전되어 행복을 느낄 찰나들을 놓쳤기 때문이다.

행복한 순간이 뇌의 '감성 장치'에 저장되지 않은 것이다. 열심히 살았는데도 아무것도 안 한 것처럼 느껴지고, 과거가 무의미하다는 생각마저 든다. 이는 잘 기억하겠다는 의지로 해결되는 문제가 아니다. 뇌가 방전돼 있으면 아무리 의식적으로 노력해도 삶의 가치를 느낄 수 없다.

그렇다면 소진증후군의 해결책은 무엇일까. 어떻게 하면 방전된 나의 감성 배터리를 다시 충전할 수 있을까. 감성의학의 최신 연구에 따르면 삶의 의미를 깊이 느끼는 것이 소진증후군의 최고 예방책이라고 한다. 그러나 소진증후군의 주요 증상이 인생의 의미가 잘 느껴지지 않는 것이기에 문제가 그리 간단치 않다.

니체는 피로 사회에 사는 현대인의 문제를 '깊은 지루함'을 견디지 못함에 있다고 했다. 빠르고 감각적인 재미만 추구하는 자극들이 우리의 감성 시스템을 중독적으로 만들고, 느린 자극을 외면하게 만들고 있는 것이다.

그래서 하루에 단 10분이라도 '나만의 바캉스 시간'을 갖는 것이 중요하다. 프랑스어로 '휴가'라는 뜻을 가진 바캉스 vacance는 '자유를 찾는다'는 라틴어 'vacatio'에서 유래됐다고 한다. 마음의 자유를 정신의학적으로 설명하면 디테치먼트 detachment, 즉 '거리 둠'이다. 치열한 내 삶과 '거리 두기'를 하는 것이 자유를 찾는 바캉스인 것이다.

해야 할 일에 끊임없이 몰입해서 살다 보면 자기 인생의 주체로 살기보다는 거대한 시스템의 프레임에 갇힌 영혼 없는 인생이 되기 쉽다. 하루에 단 10분 만이라도 하늘을 보며 계절의 변화를 느껴보자.

그럴 때 바삐 돌아가던 이성의 스위치는 꺼지고 에너지를 공급하던 감성 시스템의 속도가 느려지면서 삶의 의미를 되찾는 충전이 시작되는 법이다. 근사함이란 마음의 에너지가 충전될 때 감성이 보내는 메시지임을 잊지 말자.

혹시 나도 소진증후군?

☐ 맡은 일을 수행하는 데 정서적으로 지쳐 있다.

☐ 일을 마치거나 퇴근할 때 완전히 지쳐 있다.

☐ 아침에 일어나 출근할 생각만 하면 피곤하다.

☐ 일하는 것에 심적 부담과 긴장을 느낀다.

☐ 업무를 수행할 때 무기력해지고 싫증을 느낀다.

☐ 현재 업무에 대한 관심이 크게 줄어들었다.

☐ 맡은 일을 하는 데 소극적이고 방어적이다.

☐ 나의 직무 기여도에 대해 냉소적이다.

☐ 스트레스를 풀기 위해 쾌락을 즐긴다.

☐ 최근 짜증, 불안이 많아지고 여유가 없다.

위 체크리스트 중 3개 이상 해당되면 소진증후군을 의심해 봐야 한다.

스트레스라고 다 나쁜 것은 아니에요

현대인들은 스트레스라는 말을 입에 달고 산다. 입버릇처럼 "스트레스를 줄여야겠어", "스트레스가 적은 곳으로 옮겨야지" 라고 말하는데, 이는 스트레스 관리를 스트레스를 줄이는 것으로 이해하고 있다는 증거이다. 그러나 사는 것 자체가 스트레스의 연속이기에 그러한 전략으로는 효율적인 스트레스 관리가 어렵다. 스트레스 거리를 하나 해결해 놓으면 어느새 새로운 녀석이 떡하니 내 앞에 나타나는 것이 인생 아닌가.

"다른 사람들은 다 편히 사는데 나만 왜 이렇게 스트레스 받는 일이 가득하냐"고 호소하는 분들이 많다. 그러나 다른 사람들도 모두 스트레스를 받고 있다. 겉으로는 웃고 있을지 몰라도, 대부분 웃는 게 웃는 게 아닐 것이다. 저마다 삶의 속사정을 들여다보면 고민거리가 최소 반은 넘는다.

스트레스 관리법을 연구하고 임상에 적용하는 것은 전문 의학 분야이지만 최근 들어 개인이나 기업 차원의 관심도 늘어났다. 보도에 따르면 우리나라 사람이 자주 쓰는 외래어 1위가 스트레스라고 한다. 그만큼 스트레스를 많이 받는다는 증거인 셈이다.

착한 스트레스 vs 나쁜 스트레스

얼마 전에는 인사관리 업무를 맡고 있어 스트레스 관리에 관심이 많다는 한 남성이 이런 질문을 보내왔다.

"스트레스라고 하면 나쁘게만 여겨지는데 착한 스트레스도 있다는 게 사실인가요? 착한 스트레스가 있다면 나쁜 스트레스와 구별하는 방법은 어떤 것인가요?"

스트레스의 라틴어 어원은 'strictus'로 팽팽히 조이는 '긴장'을 의미한다. 원래 공학에서 사용하던 말인데, 콘크리트 다리가 적정량 이상의 스트레스를 받으면 붕괴할 수 있다는 식으로 사용되었다. 무생물체인 콘크리트 다리에게 착한 스트레스는 있을 수 없다. 스트레스가 누적되면 약해질 수밖에 없어 사용 기한을 정하고, 붕괴 위험이 커지면 보수하거나 철거한다.

그러나 스트레스라는 공학 개념을 생물체를 다루는 의학에 적용시키면 이야기가 좀 달라진다. 착한 스트레스가 가능해진다. 아픈 만큼 성숙해진다고, 사람에겐 적응 능력이 있기에 스트레스 요인을 자기 발전의 동기로 활용할 수 있다.

대체로 위인전을 읽어 보면 전반부는 대부분 그 사람이 겪은 스트레스 요인을 담고 있다. 고통스러운 과거가 없었다면 현재의 자신이 있을 수 없었다는 게 주요 내용이다. 우리는 삶의 어려움을 오히려 전화위복의 계기로 만든 사람들에게 존경을 느끼게 되는데, 그 어려움이 바로 착한 스트레스다.

밥그릇을 뒤집어 놓은 것 같은 적정 스트레스 도표를 보면, 스트레스가 너무 적으면 성과-효율성이 떨어진다. 중간쯤 적정 스트레스에 이르렀을 때 최대의 성과-효율성을 보이고,

이후 스트레스 양이 늘어나면 다시 성과-효율성이 떨어진다.

학업 성취도 마찬가지다. 공부 걱정 없고 천하태평인 친구는 학업에 대한 동기가 떨어져 성적이 좋기 어렵다. 반대로 너무 시험 결과에 대해 불안해하는 친구도 공부 효율이 떨어져 들인 노력에 비해 성적이 잘 나오지 않는다.

적절한 스트레스가 학업 및 업무 성취 그리고 개인의 심리 성장에 도움이 되는 것처럼 몸도 적당한 스트레스를 받아야 건강하다. 무균실에 아무 자극 없이 갇혀 있는 사람이 건강할 수는 없다. 조깅을 해서 숨이 차거나 등산을 해서 다리가 뻐근한 것은 몸의 스트레스 반응이다. 적절한 신체 자극은 폐활량을 늘리고 근육을 강하게 만들어 준다.

그렇기에 스트레스가 항상 나쁜 것만은 아니다. 긍정적인 역할을 하는 '착한 스트레스'로서의 역할이 존재한다. "고통 없이는 얻는 것도 없다No pain, no gain"는 서양 속담처럼 적절한 삶의 통증은 성숙과 발전의 원동력이 될 수 있다

살아 있기 때문에 스트레스를 받는 거예요

스트레스는 스트레스 요인과 스트레스 반응으로 구분할 수 있다. 상사가 매일 내게 듣기 싫은 이야기를 해도 크게 스트레스를 받지 않는다면 스트레스 요인은 있으나 스트레스 반응

은 견딜 만한 것이다. 그러나 섬세한 성격이라 작은 꾸지람에도 예민하게 반응하는 사람이라면 남들은 가볍게 지나치는 사건도 본인에게는 삶의 효율성을 심하게 떨어뜨리는 과도한 스트레스 요인으로 작용할 수 있다.

사람마다 스트레스 예민도가 다르고, 스트레스 요인에 있어서도 저마다의 아킬레스건이 따로 있어 스트레스가 미치는 영향은 개인적이면서도 상대적인 특징을 가지고 있다. 심지어는 같은 스트레스 요인이라도 시간에 따라 스트레스 반응의 정도가 달라질 수 있기에 적정 스트레스의 양과 내용을 획일적으로 결정하기는 어렵다.

같은 스트레스 요인도 사람에 따라 착한 스트레스도, 나쁜 스트레스도 될 수 있는 것이다. 따라서 스트레스 요인에 따라 착하냐, 나쁘냐를 따지는 이중적 구분보다는 스트레스에 따른 반응의 정도가 적절한 수준인지를 보는 것이 좋다.

그러면 지금 내가 적정 스트레스 안에 있는지는 어떻게 알 수 있을까? 스트레스가 적정 수준을 넘어서면 나타나는 과도한 스트레스 반응이 있는지 체크해 보면 된다.

스트레스 반응 체크리스트

☐ 항상 급하다.

□ 각성 상태를 유지하기 위해 커피와 에너지 음료를 활용한다.

□ 지나치게 완벽을 추구한다.

□ 자기 비판적 성향이 강하다.

□ 쉽게 화가 나거나 울적해지는 감정 변화가 심하다.

□ 인생사를 심각하게 생각한다.

□ 자기 자신의 감정을 부인해 남들이 나의 마음을 알 수 없다.

□ 이전보다 감정 반응이 줄어 마음이 회색빛 같다.

□ 불안감이 항상 존재한다.

□ 불면증, 건망증 같은 신경생리학적 증상이 있다.

□ 사람과의 관계에서 분노나 짜증 반응이 이전보다 늘어났거나 아예 사람을 만나고 싶지 않아 혼자만 있는 심리적 회피 행동을 보인다.

위에 열거한 스트레스 반응 중 세 가지 이상 체크했다면 현재 내 뇌가 받고 있는 스트레스의 양이 적정 수준을 넘어섰다고 의심해 봐야 한다.

성적이 좋지 않은데도 느긋한 자녀를 보며 부모님은 '쟤는 스트레스도 안 받나 보다' 할지 모르나 천하태평으로 보이는 것 역시 괴로운 감정을 부인하는 또 다른 모습일 수 있다. 직장에서 잘 지내던 사람이 갑자기 그만두었다면, 힘든 속내를 드러내지 않았을 뿐 과도한 스트레스 반응을 보이는 것에 해당한다.

스트레스 관리는 그 원인이 우리가 살아 있기 때문이라는 점을 이해하는 데서 출발한다. 뇌가 조절센터 역할을 하는 스트레스 시스템은 생존을 위한 것이다. 살기 위한 위기관리가 바로 스트레스 시스템의 역할이고, 스트레스 시스템은 생물체가 살아 있는 한 작동한다.

사람의 뇌를 스마트폰에 비교하면, 논리적 언어를 이용해 삶을 조정해 나가는 이성의 뇌는 스마트폰의 본체에 해당한다. 반면에 감성의 뇌는 배터리다. 적정 스트레스는 감성 에너지의 소비와 충전이 균형을 이룬 상태다. 이성의 뇌가 아무리 훌륭한들 배터리가 방전돼 버리면 무용지물이 된다.

과도한 스트레스 반응의 증상들은 배터리가 방전되었음을 알리는 생체 신호들이다. 감성은 논리적 언어 체계를 쓰지 않기에 느낌이나 생리적 현상으로 자신의 상태를 알려 주는 것이다. 그러므로 스트레스 관리란 뇌의 방전된 배터리에 에너지를 충전시키는 일이다.

과도한 스트레스는 삶을 필요 이상으로 바쁘고 불안하게 만들고, 정작 뇌를 즐겁게 하는 활동들은 유치하다는 등의 이유로 우선순위에서 밀려나게 된다. 스트레스를 덜고 싶다면 하루에 한 가지라도 뇌에게 달달함을 선사하는 행복 기술을 연습해야 한다.

세 번 깊게 숨 쉬면서 호흡의 흐름 느끼기

'긍정 마음 집중 훈련'이라는 것이 있다. 출근해서 컴퓨터가 켜
지는 동안, 회의 시작 전, 커피를 기다리는 동안 호흡의 흐름을
느끼는 것이다.

우선 숨을 깊이 들이마시고 내쉬기를 두 번 반복하면서 배에
집중해 복식호흡을 한다. 깊은 호흡을 하면서 좋아하는 사람이
나 경탄을 자아냈던 경치를 마음속으로 그려 본다. 심장 부근
에 긍정적인 기운이 모여 있다고 생각하는 것도 도움이 될 것

이다.

이를 2~3분간 지속해 보라. 그러면 마음이 좀 풀어질 것이다. 단순해 보일지 모르나, 스트레스에서 내 몸과 마음을 지킬 수 있는 방법이니 한번 시도해 보자.

다
그만두고 떠나고 싶어요

한 유명인이 상담을 받으러 온 적이 있다. 대중에게 항상 웃음을 주었던 화면 속 밝은 모습과 달리 내면적으로 고통스러워 보였다.

"선생님, 제가 공황장애인가요? 하루에도 여러 번 숨이 답답하고 불안해져요."

공황장애는 가슴이 뛰고 숨이 차며 정신을 잃을 것 같은, 그러다가 곧 죽을 것 같은 수준의 불안이 엄습하는 공황발작 panic attack이 반복될 때 내리는 진단이다.

"그 정도는 아니신 것 같은데요. 힘이 들고 죽을 것 같아 응급실 가신 적이 있나요? 그리고 주로 어떨 때 그러세요?"

"응급실까지 간 적은 없고, 조그만 걱정이라도 떠오르면 심장이 마구 뛰고 불안해져요. 그리고 전에는 혼자 잘 잤는데 요즘은 나이 들어 갑자기 귀신이 무서워요. 무서워서 혼자 잠을 잘 수가 없어요."

그는 이런 말을 하면서도 자신이 귀신을 무서워하게 되었다는 것이 이해가 안 되고 한심하다는 표정이었다.

뇌에 피로가 쌓이면 '생존을 위한 뇌'로 바뀝니다

우리는 안정적인 삶을 위해 돈을 번다. 그러나 돈을 벌어도 뇌에 피로가 쌓이면 지친 감성의 뇌는 생존에 더 급급한 상태로 바뀌게 된다. 공황발작 같은 불안은 생존에 대한 압박, 죽음에 대한 공포를 반영한다.

누가 이 잘나가는 연예인이 먹고사는 무의식의 문제로 괴로워할 것이라 생각하겠는가. 돈이 보이는 세상의 두려움을 잠재워 줄진 모르나 보이지 않는 감성 무의식의 세계에는 도움이 되지 않는다.

"남에게 즐거움을 주는, 그러니까 감성의 뇌를 주로 쓰는 비즈니스를 하시잖아요. 그러다 보니 스트레스성 뇌 피로증이 온 것 같아요. 뇌는 스트레스를 받아 피곤하면 거기서 도망가고 싶어 해요. 요즘에 사람 만나기도 싫고 혼자 있고 싶고 어디로 훌쩍 떠나고 싶지 않으세요?"

그러자 그가 답했다.

"맞아요. 제 직업이 저랑 맞지 않는 것 같다는 생각이 너무 많이 들어요. 사람들이 저를 알아보는 것이 너무 싫거든요. 그래선지 요즘 컴퓨터 앞에만 앉으면 나도 모르게 인터넷 검색창에 '이민'이란 단어를 검색해요."

앞서 설명했듯이 '다 때려치우고 싶다'는 생각은 스트레스성 뇌 피로증의 2단계 합병증이다. 요즘 전보다 사람들을 만나는 대신 혼자 있는 시간이 많고, 주말에도 집에 틀어박혀 시체놀이를 하고 있는가? 회사든 사업이든 정리하고 조용한 곳에 내려가 쉬고 싶은가? 그렇다면 심리적 회피 반응이 찾아온 것이다.

사람은 스트레스 원인에서 멀어져 자신을 지키려는 방어 기제를 갖고 있다. 이를 심리적 회피 반응이라고 하는데, 고통과 통증을 피하려는 것은 정상적인 반응이다. 단기적으로는 마음을 피곤하게 하는 대상을 보지 않고 피해 버리는 것이 삶의 충전에 도움이 된다. 그러나 회피가 장기화되면 문제가 달라진다. 삶의 즐거움과 고통은 동전의 앞뒷면처럼 두 가지 컬러의 한 몸인 경우가 대부분이기 때문이다.

예를 들어 실연당한 여성이 심리적 회피 반응으로 스트레스 요인인 남자를 멀리한다면, 단기적으로는 상처 치유와 심리적 안정에 도움이 될 것이다. 그러나 이것이 1년 이상 길어지면 조물주가 만들어 놓은 최고의 쾌감, '사랑받는 느낌'을 영원히 느낄 수 없게 된다. 행동하지 않으면 그 행동이 주는 행복도 느낄 수 없는 것이다.

이러한 회피 행동이 길어지면 3단계 합병증이 나타난다. 바로 행복에 대한 내성이다. 이전에 즐겁고 행복했던 일들이 더 이상 행복하지 않은 것이다. 행복하기 위해 사는데 행복을 느낄 수 없다니, 스트레스성 뇌 피로증은 현대인에게 암 이상으로 아찔한 문제다.

행복해지는 방법은 둘 중 하나다. 행복한 일이 굉장히 많이 생기거나, 행복을 잘 느끼는 마음을 갖거나. 그런데 좋은 일만 많이 생기기를 바라기는 어렵다. 세상사가 어디 자기 마음대로 되던가. 게다가 거액의 복권에 당첨된다 하더라도 행복감은 오래 지속되지 않는다. 마음이 금방 새로운 상태에 적응하기 때문이다. 그렇기 때문에 행복을 더 많이 느끼는 뇌를 갖는 것이 소진증후군을 벗어나는 지름길이다.

뭘 해도 감동이 없어요

미래학자 앨빈 토플러는 40년 전, 이미 현대인이 겪을 '미래 충격future shock'을 예견했다. 미래 충격은 현대인이 빠른 변화에 대처하는 상황에서 받는 육체적, 정신적 고통을 말한다. 몸이 환경에서 과잉 자극을 받으면 파탄을 일으키는 것처럼, 사람의 마음도 일정 정도 이상의 부담이 가해지면 망가지게 된다.

미래 충격은 개념적인 현상이 아닌 심리적, 신경생물학적인 실제 현상으로, '무감동'이 그 극심한 증상이다. 우울증이라 하면 그야말로 '우울한 감정'이 심각한 것이다. 우울한 감정을 느낀다는 것은 내 감성 시스템이 과도하게 작동하기는 해도 살아 있다는 것이지만, 모든 것이 플랫flat하게 느껴지는 '무감동'은 감성 시스템이 아예 정지해 버렸음을 뜻한다.

무감동은 소진증후군의 심리적 회피 반응이 지속될 때 일어나는 악성 증상이다. 세상이 느껴지지 않는다. 뇌는 세상의 정보와 자극으로부터 자신을 지키기 위해 감성 예민도를 0으로 떨어뜨린다. 그러나 통증의 역치는 쉽게 떨어지지 않는다. 고독과 좌절은 느껴지는데 따뜻한 위로와 작은 행복들을 느낄 수 없게 되는 것이다.

외부 세계로부터 더 강하게 단절시키거나 마음속 내부 세계는 음산한 세기말 애니메이션처럼 스산해진다. 마음의 깊은 동굴로 숨어 버리는 것이다.

소진증후군은 개인의 단순한 심리적 문제가 아닌 시스템의 문제로서 조직과 사회에 문제를 야기한다. 의사만 해도 소진증후군으로 고생하는 비율이 60퍼센트에 달한다. 이는 의학계 최고 권위지인 〈미국의학협회저널JAMA〉의 경고다.

의사에게 공감 능력은 단지 서비스 태도의 문제가 아니라 치료 효과와 직접적 연관성을 갖는다. 공감 능력이 뛰어난 외과 의사에게 수술을 받으면 수술 후 회복 기간이 단축된다는 연구 결과까지 나와 있다. 그런데 많은 의사가 소진증후군에 빠져 공감 능력이 결여된 상태이니, 이성적으로 잘 진단하고 약을 제대로 처방해도 치료 효과가 반감되는 것이다.

이는 의료계만의 문제는 아니다. 공감 능력이 저하된 소진 조직과 소진 사회는 경쟁력과 가치를 잃어갈 수밖에 없다. 문제는 감성의 영역이기에 이성적인 촉구와 의지의 독려만으로는 해결되지 않는다는 데 있다. 그랬다가는 남은 에너지마저 다 방전시킬 수 있다.

쉽게 화가 나는 당신을 위한 심리 처방

요즘 자신의 거칠어진 언어 습관에 놀라 진료실을 찾는 이들이 적지 않다. 얼마 전에는 두 자녀를 키우는 30대 중반의 워킹맘이 찾아왔다.

그녀는 회사에서 친절한 직원이고 집에서는 따뜻한 엄마인 자신이 백화점이나 콜센터 직원을 상대할 때면 이상한 여자로 변해 버린다고 했다. 그녀의 표현을 그대로 빌리면 "사소한 불친절에 미친 여자처럼 화를 내고 있는 자신을 발견한다"는 것이다.

이는 직장생활과 육아에 지친 뇌가 엉뚱한 곳에서 과도한 분노를 터트린 것이다. 소진증후군은 현대판 화병이다. 그 화가 지나쳐 밖으로 터져 나오면 타인의 인권마저 침해할 수 있다.

분노는 자유가 억압되기 때문에 나오는 것이고, 쉽게 화가 나는 건 그만큼 뇌가 지쳤다는 신호다. 문제는 화를 참으려고 하면 뇌가 더 지친다는 데 있다. 이럴 때는 열심히 사는 것만큼이나 내 뇌를 달달하게 잘 충전하는 것이 중요하다.

하고 싶은 것을 해야 화가 풀린다. 내가 가고 싶은 곳에 가게 해주고, 하고 싶은 일을 하게 해주고, 만나고 싶은 사람을 만나게 해주면 분노가 줄어든다.

내가 뭘 하면 기분이 좋아지는지 생각해 보라. 아마 그 일을 한 지 오래되었을 것이다. 하면 기분 좋아지는 자기만의 일, 그것을 해야 한다. 놀고 싶을 때 놀아야 하는 것이다.

쉰다고 뇌가 충전될까요?

사연 속 워킹맘처럼 열심히 살다가 지쳐서 상담실을 찾아 온 분들에게 "스트레스 관리는 어떻게 하세요?" 하고 물으면 우 물쭈물 대답하지 못하는 분들이 훨씬 많다. 고민 끝에 "전 술도 못 마십니다"라고 답하는 남자들이 있는 걸 보면, 남자에겐 술 이 스트레스 관리의 대명사쯤 되는 것 같다. 그러면 질문을 바 꿔 다시 묻는다. "어떤 취미를 갖고 계시나요?"

취미란 말을 들으면 어떤 생각이 드는가? '팔자 좋은 소리' 라고 느껴지는가? 나중에 돈과 시간 여유만 생기면 언제든 할 수 있는 활동이라고 여기고 있지는 않은가? 그런데 열심히 살 아서 경제적으로도 사회적으로도 여유가 있는, 그야말로 '팔자 좋은' 분들도 취미를 물으면 없다고 말하는 경우가 태반이다. 즉, 취미라는 게 '좋은 팔자'와 별 연관성이 없다는 얘기다.

여가 활동에 대한 통계청 조사(2013년)를 보면 '아무것도 안 한다'가 대부분이고, 문화적 취미는 2.7퍼센트, 멸종 단계다.

보통 사람들은 '취미' 하면 특정 활동을 떠올리지만, 취미 는 활동 이전에 하나의 능력이다. 세상의 아름다움을 취하는 능력, 세상의 아름다움을 느낄 수 있는 힘인 것이다.

집에 비싼 홈시어터를 설치하지 않아도 문화 콘텐츠에 대 한 '취미력'만 개발돼 있다면 우리는 쉽게 문화 콘텐츠를 즐길 수 있는 세상에 살고 있다. 그러나 뇌 안에 노는 시스템이 잘

개발돼 있지 않으면, 수많은 놀 거리에 둘러싸여 있어도 우리 뇌는 잘 놀 수가 없다. 일하는 것보다 노는 것이 더 어렵게 된 것이 현대인의 뇌 상태이기 때문이다.

나는 인생의 반이 성취를 위해 열심히 달리는 것이라면 나머지 삶의 목표는 취미가 되어야 한다고 생각한다. 열심히 달릴 때 뇌의 에너지는 방전된다. 그래서 뇌에 에너지를 다시 충전시켜야 한다.

운동에 지친 근육세포는 가만히 두면 회복되지만 뇌는 가만히 둔다고 해서 잘 충전되지 않는다. 뇌를 충전하는 방법은 뇌를 즐겁게 해주는 것이다. 세상의 아름다움에 뇌가 즐겁게 반응하도록 트레이닝하는 것이 취미라는 파워를 증대시키는 일이다.

일하는 뇌 vs 노는 뇌 vs 욕망하는 뇌

그런데 취미를 담당하는 뇌 안의 노는 시스템을 잘 작동하지 못하도록 하는 것이 우리 뇌 안에 있는 일하는 시스템이다. 뇌를 이완시키고 즐겁게 하려 하면 불안을 증가시킨다. '네가 이럴 때냐', '이래서 어디 성공하겠느냐'고 말이다.

우리 뇌 안에는 세 가지 공장system이 서로 상호작용을 하며 돌아가고 있다. 뇌 안에 자회사가 세 개 있는 셈이다.

가장 중요한 공장이 '일하는 뇌'다. 스트레스 시스템이라고도 한다. 스트레스 공장은 불안이라는 시그널을 사용한다. 마음을 불안케 만들어 나로 하여금 앞으로 뛰게 한다. 시험을 앞두고 전혀 불안하지 않은 학생이 시험을 잘 볼 수는 없다. 스트레스 공장, 즉 일하는 뇌는 마음을 편치 않게는 하지만 나를 생존케 하고 성취하게 하는 고마운 녀석이다.

문제는 일하는 뇌만 너무 작동하고 '노는 뇌'인 따뜻한 충전soothing 공장은 거의 멈춰 버렸다는 데 있다. 현대 철학자들이 이야기하는 피로 사회, 불안 사회, 그리고 리스크 사회는 스트레스 시스템을 지나치게 작동시키고 있는 현대 사회의 특징을 반영한다.

적당히 스트레스를 받아야 효율이 오르는데 그 적정치를 넘어가 과작동을 하다 보니 오히려 효율이 떨어지고 과다한 에너지의 소비로 뇌가 방전 상태에 빠지게 됐다는 것이다. 힐링이란 단어가 유행하는 것은 그만큼 뇌가 지쳐 있다는 방증이다. 뇌가 충전과 돌봄을 바라기에 그 단어에 감성적으로 반응하는 것이다.

성추행 등을 비롯해 요즘 성공한 사람들의 비윤리적 행동에 대한 기사가 하루가 멀다 하고 끝없이 나오고 있다. '다 정신병자들 아니야'라고 쉽게 이야기하지만 어느 누구도 안심할 수 없는 상황이다. 크게 보면 모두 일하는 뇌만 과도하게 작동한 데서 비롯되었기 때문이다.

이때 평소 노는 뇌, 즉 충전 공장이 잘 훈련돼 있지 않으면 공허감을 해결하기 위해 '욕망하는 뇌'가 작동하게 된다. 욕망은 사람의 생존과 연결돼 있어 강력하다. 평소 윤리적이고 자기 통제가 강하다 해도 욕망이 '마음먹고' 작동하면 의지로 이길 수 있는 사람은 거의 없다.

잘 놀지 못하는 문제는 인생이 재미없는 수준을 넘어 윤리성마저 약화시키고, 결과적으로 내 인생을 이상한 쪽으로 흘러가게 만들 수도 있는 것이다. 따라서 내 삶의 에너지 중 최소 20퍼센트는 노는 일에 투자해야 한다. '일이 잘못되지 않을까' 하는 불안감이 찾아오겠지만 두려워할 필요 없다. 잘 놀아야 일도 흥이 나게 할 수 있어 성공한다.

의지가 약해서 포기하는 게 아니에요

휴가 시즌만 되면 체중계와 전투를 벌이는 사람들이 수두룩하다. 날마다 다이어트를 향한 의지를 불태우지만, 아침마다 올라가는 체중계는 변화가 없다. 마음속에선 자기 비난의 소리마저 들린다. '넌 의지박약이야. 먹는 것 하나 제 마음대로 조정을 못하나?'

전염병처럼 무섭게 퍼지고 있다는 비만. 몸매를 망치는 뱃살도 밉지만, 더 큰 문제는 비만이 성인병의 위험 요인이라는 데 있다. 고혈압, 당뇨, 고지혈증에서 시작해 심장 혈관을 막아 심장의 기능을 떨어뜨리고 생명마저 앗아가는 협심증, 뇌혈관에 문제가 생겨 발생하는 뇌졸중 등이 그 예다.

비만의 이유를 '먹을 것이 많아져서'라고 주장하기도 하지만, 안 먹으면 그만 아닌가. 우리는 내 마음의 생각과 몸의 반응이 100퍼센트 내 것이고 나의 통제 아래 있다고 생각하지만 실상은 전혀 그렇지가 않다.

20세기 심리철학 연구의 주요 성과 중 하나가 '내 마음이 내 것이 아닌가 봐'다. 우리 내부의 무의식적 욕망과 타자의 욕망(언어와 사상으로 우리를 감싸고 있는 상대방과 사회 시스템의 요구)을 부지불식간 수용해 그것을 내 선택으로 인식하며 살고 있다는 것이다. 과식이 몸에 해로운 줄 알면서도 참지 못하는 것은 나의 이성적 선택이 아닌 것이다.

전문가에게 "뱃살을 뺄 수 있는 확실한 치료법은 무엇일까요?"라고 물으면 운동, 약물, 수술 등의 답변이 돌아올 것이다.

하지만 비만의 결정적인 치료법은 단순하다. 덜 먹으면 된다. 그러나 의학적인 측면에서 비만의 결정적인 치료법은 아직 없다고 말한다. 왜냐하면 덜 먹는 것이 거의 불가능한 일이기 때문이다.

심리적 허기가 비만의 바이러스

요즘 먹방이 대세다. 방송국이 주방으로 변신한 수준이다. 왜 우리는 먹방에 빠져드는 것일까? 앞서 설명했듯 우리 뇌 안에는 쾌락 시스템이 존재한다. 쾌락 하면 왠지 퇴폐적인 느낌이 들지 모르나, 사실 인간은 생존에 있어 중요한 아이템에만 쾌감을 느끼도록 설계되었다.

먼저 인간이 쾌감을 느끼는 대상은 힘에 대한 욕구, 즉 권력욕이다. 힘이 있어야 내 조직과 가정을 지킬 수 있기 때문이다. 궁중 내 암투를 그린 사극이 스테디셀러인 이유다. 그다음이 사랑에 대한 욕구다. 사랑을 해야 가족을 만들 수 있다. 육아 프로그램이 방송을 가득 채운 이유다. 마지막으로 가장 원초적이고 강력한 것이 먹는 쾌감이다. 먹어야 내가 살 수 있기 때문이다. 먹지 않고서는 내가 없고, 내가 없으면 권력이고 사랑이고 아무 의미가 없다.

먹방은 사실 쾌감의 가장 강력한 요소를 자극한다. 다이어트가 쉽지 않은 이유가 바로 여기에 있다. 식욕은 쾌락을 동반한 강력한 생존 욕구이기 때문이다.

문제는 식욕조절 센터가 감성 시스템의 핵심 중추인 시상하부에 존재한다는 것이다. 밥을 충분히 먹으면 포만감 신호가 뇌에 전달된다. 그런데 시상하부가 포만감 신호만으로 식욕을 조절한다면 폭식이나 비만은 없었을 것이다. 몸은 필요한 만큼의 에너지만을 원하기 때문이다.

식욕조절 센터는 신체적 허기 외에 심리적 허기, '고생하는 만큼 충분한 심리적 만족감을 누리고 있는가' 하는 심리 보상 시스템의 신호를 함께 받는다. 신체적 허기는 채웠으나 심리적 허기가 채워지지 않았다면 배가 터지도록 부르더라도 헛헛한 느낌을 보상하기 위해 더 먹게 되는 것이다. 이는 과잉 섭취이기에 고스란히 배와 허벅지의 지방 저장고에 차곡차곡 쌓이게 된다.

그런데 우리가 섭취하는 칼로리의 상당 부분은 인생의 스트레스를 위로하고자 먹는 것이다. 부부 싸움 후, 직장에서 상사에게 깨진 후 먹고 싶은 욕구가 치밀어 오르는 것을 경험한 적이 있을 것이다. 생존을 위해 만들어진 쾌락을 지친 마음을 위로하는 데 사용하다 보니, 몸이 신체적 허기 이상 먹게 되고, 그 남은 에너지가 전부 뱃살로 가고 있는 셈이다.

그러니 현대인의 전염병인 비만은 소진증후군의 합병증이라 해도 과언이 아닐 것이다. 신체적 허기가 해결되는 것만으로는 채워지지 않는 심리적 허기가 바로 비만을 유발하는 바이러스이기 때문이다. 게다가 내성 때문에 마음의 보상을 위한 음식량은 점점 늘어난다. 마음도 서글픈데 몸매까지 망가지고 건강도 해치게 되니 분노는 더 쌓일 수밖에 없다.

체중계를 던져 버려야 하는 이유

다이어트는 심리적 허기를 줄이는 데서 시작돼야 한다. 굶기만 하는 다이어트는 백전백패일 수밖에 없다. 생존을 담당하는 뇌 안의 스트레스 시스템은 음식물이 입안으로 적게 들어오면 보릿고개가 왔다고 판단해 방어 시스템을 작동한다. 스트레스 호르몬을 방출해 같은 양을 먹어도 이전보다 더 지방 형태로 에너지를 복부에 축적시키고, 식욕 또한 증가시킨다.

백해무익한 담배를 끊기 힘든 것도 주성분인 니코틴이 심리적 허기를 약물학적으로 보상하기 때문이다. 금연을 했을 때 살이 찌는 이유이기도 하다. 담배를 끊고 나서 컨디션이 더 나빠졌다고 하는 사람도 있다. 밀어붙이기식 생활 습관의 변화는 마음과 몸을 더 망가뜨린다.

심리적 허기의 특효약은 '자유'다. 먹는 욕망을 통제하는 다이어트는 자유를 억압하기에 심리적 허기를 증폭시킨다. 체중계에서 자유로워야 하는 이유다. 체중계에 오를 때마다 스트레스를 받게 되고, 그만큼 더 먹고 싶어진다.

우선 '체중을 줄이겠다'는 목표를 '삶을 더 건강하게 즐기겠다'는 목표로 바꾸어야 한다. 똑같은 운동도 살을 빼려고 하면 운동하면서 스트레스를 받게 된다. 운동의 목적은 살을 빼려는 것이 아닌 '내 몸의 움직임을 느끼고 자연과 같이 호흡하는 것'이 돼야 한다.

그럴 때 우리 뇌는 이완되면서 자유라는 쾌감을 느낀다. 먹는 것이 생존의 쾌감이라면, 자유는 생존을 통해 얻고자 하는 삶의 본질적인 기쁨이다.

조용한 곳에서 밥을 음미하며 먹기

적당히 먹으면서 심리적 허기를 줄이는 방법을 소개하려 한다.
의식하면서 식사하기conscious eating는 말 그대로 내 입안에 들
어온 밥알의 느낌, 음식의 향, 색깔 등을 음미하며 먹는 것이다.
먼저 조용히 식사할 곳을 찾아보자. 자연과 가까운 곳이라면
더 좋다. 일과 관련된 것은 주변에 두지 않으며, 음식은 건강에
좋은 것을 선택한다. 일은 잠시 잊고 내면의 감각을 깨워 보자.
먹기 전에 음식의 향과 색깔 등을 느껴 본다. 그리고 세 번 깊

게 숨을 들이마시고 내쉰 후 식사를 시작한다. 천천히 잘 씹으면서 그 느낌에 집중해 보자. 입안의 음식이 다 넘어가기 전에 또 음식을 넣지 않고, 충분히 음식을 느껴 본다. 느린 식사를 하는 것이다.

음식 전문가도 아닌데 굳이 이럴 필요가 있을까 싶겠지만, 이 단순한 식사 습관이 잠시나마 바쁜 일상에서 나를 분리해 나를 느끼는 기회를 만들어 주고 마음을 충전시킨다. 마음이 충전되면 심리적 허기도 줄어들기 때문에, 과식을 막고 다이어트에도 도움이 될 것이다.

'아이고 그래서 언제 밥을 다 먹어?' 하는 분들도 계실지 모른다. 이 제안이 답답하게 느껴진다면 뇌가 너무 전투적인 상황에 놓여 있는 것인지도 모른다. 하루에 잠깐이라도 이러한 이완의 시간을 가져야 오히려 강한 전투력을 유지할 수 있음을 기억하자.

쉬어야
다시
일할 수
있어요

최근 뇌과학 연구의 발달로 뇌의 작용에 대한 이해가 높아지면서 인사 관리와 관련한 경영 전문저널에까지 '경영자는 뇌과학 전문가가 돼야 한다'는 이야기가 나오고 있다. 지친 뇌의 충전을 위해서도 뇌과학에 대한 이해가 필요하다. 최신 뇌과학 연구의 결과는 '일한 자여 놀아라'가 아니라 '놀아라, 그게 일하는 것이다'이다.

초기의 뇌 연구는 동물 뇌에 직접 전극을 삽입하여 뇌의 각 영역에 따른 기능을 알아보는 방향으로 진행되었다. 하지만 최근에는 fMRI(기능성뇌자기공명영상촬영)를 활용해 외부에서 뇌의 활동도를 측정할 수 있다. 이를 통해 현대 사회가 네크워크 사회인 것처럼, 뇌의 여러 영역이 네트워크, 즉 신경망을 이루어 특정 기능을 수행한다는 것이 밝혀지고 있다.

멍 때릴 때 창의성이 나온다고?

우리가 업무를 할 때 주로 활용하는 신경망이 조정 신경망 control network이다. 업무 수행 시 작동되기에 태스크 포지티브 네트워크task-positive network라고도 부른다.

현재 회사 차원의 인력 관리나 개인의 일정 관리는 어떻게 조정 신경망의 효율성을 높이는가에 집중돼 있다. 목표를 향한 집중과 멀티태스킹multi-tasking은 이 조정 신경망을 최대한 활용하는 전략이다.

그런데 지속경영에 있어 중요한 요소 중 하나인 '새로운 창조적인 아이디어의 창출'을 위해서는 조정 신경망만으로는 한계가 있다. 다른 뇌의 신경망을 활성화해야 하는데, 그것이 바로 디폴트 신경망default network이다.

말 그대로 기본 신경망, 아무 일도 하지 않을 때 기본적으로 활성화되는 태스크 네거티브 네크워크task-negative network다. 멍 때릴 때 작동하는 뇌 안의 신경망이라 할 수 있다. 그런데 이 한심해 보이는 디폴트 신경망이 활성화될 때 창조적 아이디어 창출이 잘 일어난다고 한다.

좋은 아이디어를 내기 위해 회의 시간에 골몰할 때는 아무 생각도 나지 않더니, 잠시 화장실 가서 앉아 있는데 갑자기 좋은 아이디어가 떠올랐던 경험이 있을 것이다. 그것이 바로 디폴트 신경망이 활성화된 결과다.

조정 신경망을 통한 업무 수행이 외부의 새로운 정보나 자극을 처리하는 것이라면 디폴트 신경망은 기존에 내재돼 있던 정보와 지식을 처리하는 과정이다. 이 디폴트 신경망은 지시형 업무 수행을 하지 않을 때 작동한다. 죽어라 일만 하는 것보다는 뇌를 놀게 해주어야 오히려 문제 해결의 답이 될 수 있는 아이디어가 나온다는 것이다.

디폴트 신경망이 잘 활성화되면 마치 내가 다른 장소, 다른 시간, 그리고 다른 사람의 뇌 안에 있는 느낌이 들고, 더 나아가 다른 세상에 존재하는 느낌마저 느끼게 된다. 물끄러미 창밖 경치를 보다 기차에 내렸을 때 자주 오던 곳인데 낯설게 느껴졌던 경험이 있는가? 이 또한 디폴트 신경망이 활성화돼 일어난 현상이다. 이것을 초월성 경험transcendence이라 하는데 옛말로 도 닦는 것과 비슷한 효과라 할 수 있다.

디지털 세상을 주도한 미국 실리콘밸리의 경영자들 사이에선 '디스커넥트 투 커넥트disconnect to connect', 즉 '연결을 위한 단절' 훈련이 유행이다. 맹렬히 작동하던 전투 시스템의 스위치를 잠시 끄고, 치열한 삶에서 한 발 거리를 두고 떨어져 뇌를 이완하고 충전 시스템을 활성화하는 것이다.

연결을 위한 단절 훈련

밀려오는 외부 정보와 전투를 벌이는 뇌의 스트레스 시스템이 과도하게 활성화한 것이 현대인의 뇌 상태다. 앞서 설명했듯 충전 없이 스트레스 시스템만 계속 작동되면 뇌의 에너지가 소진돼 버리고 결국 소진증후군이 찾아온다. 그래서 하루에 10분이라도 외부 정보와의 연결을 끊는 단절 훈련을 하는 것이다.

외부 정보와의 전투를 잠시 멈출 때 내면의 감성-충전 시스템 스위치가 켜진다. 연결을 위한 단절 훈련은 자신의 내

부를 바라볼 수 있는 능력을 키워 주는 것이다. 즉, 내가 나를 모니터링하는 능력을 키우는 것이다. 이를 자아의 분리ego-splitting라고 한다.

이론적인 이야기이지만 자아는 내가 '나'를 '나'라고 인식하는 영역이다. '나'는 살면서 주변과 반응하고 느끼고 생각하는 주체다. 이 친구를 두 개로 나누는 훈련을 하는 것인데, 삶을 경험하고 실제 살아가는 자아와 그 삶 속의 자아를 관찰하는 자아가 그것이다.

대부분의 사람은 뇌에서 무언가를 지시하면 즉각적으로 반응하는 데 익숙해져 있다. 그래서 내 인생을 살기 위해서는 한 발짝 떨어져 내 뇌가 만드는 생각과 감정을 모니터링하는 연습이 필요하다.

내가 나를 모니터링하는 능력이 커지면 삶의 여유가 생기고 자유로움을 느낄 수 있다. 채찍질만 해대는 무의식과 시스템의 영향권에서 벗어나 하나의 정보로 그것을 다룰 수 있는 힘이 생기기 때문이다. 이때 활성화하는 것이 디폴트 신경망이다.

내 마음을 잘 모니터링하기 위해선 우선 뇌에서 흘러나오는 내용에 즉각 반응하는 것을 잠시 끊고, 살며시 내 마음을 바라보는 훈련이 필요하다.

단순해 보이더라도 이 책에서 소개하는 연습들 - 세 번 깊게 호흡하며 그 호흡의 흐름 느끼기, 하루 10분 사색하며 걷기, 조용한 곳에서 밥 음미하며 먹기, 일주일에 한 번 친구와 수다

떨기, 슬픈 영화나 작품 주 1회 감상하기 등 — 을 계속 하다 보면 내 뇌가 만들어 내는 생각과 감정이 하얀 스크린에 비춰지는 것처럼 보이기 시작할 것이다.

그리고 아이러니하게도 이 여유가 창조적 마인드를 갖게 하고 비즈니스에서의 성공도 가져온다는 것이 최신 뇌과학의 주장이다.

3장

다그치기 전에
먼저 안아주세요

힘들어하는 걸 들키기 싫어
"괜찮다"고 할수록 마음은 더 헛헛해집니다.
억지로 '잘될 거야' 해봐도 괜찮아지지 않습니다.
그럴 땐 힘든 걸 즐겨 보세요.
주인공 시점으로 내 인생을 바라보면
'사는 게 왜 이렇게 힘들까' 싶지만
멀리서 관객으로 바라보면
'다들 힘들구나. 그래도 나한테 좋은 것도 있네' 하는
긍정에너지가 차오를 겁니다.

일단 내 마음부터 안아 주세요

한동안 식상할 정도로 힐링이 대세였다. 힐링의 유행은 세련된 사회로 나아가는 시그널이라기보다는 이대로 더 못 살겠다는 통증의 SOS 신호다. 자살율의 증가와 힐링의 유행은 색깔만 다를 뿐 남매지간이다.

사람은 자기 자신이 무가치하다고 느낄 때 죽을 것 같은 통증을 느낀다. 내가 살아 있고 존재한다는 감성적 느낌이 희박해질 때 힐링의 욕구가 생기고 그것이 충족되지 않을 경우 자살과 같은 극단적인 행동을 하는 것이다.

요즘 공감이 힐링의 솔루션으로 대세다. 경영에서도 공감을 기반으로 한 감성 경영이 강조되고 있고, 지난 대통령 선거에서도 공감을 이야기하지 않고는 명함을 내밀 수 없는 분위기였다.

공감은 내가 아닌 남의 입장에서 생각하는 것이다. 누군가 내 입장에 서서 나를 이해해 줄 때 우리는 마음이 따뜻해지고 위로를 느낀다. '공감 테크닉'이 모든 영역에서 인기인 이유다.

그녀의 고통은 어디서 오는 것일까

아파트 이웃들이 항상 웃는 저를 보면 행복해 보인대요. 날씬하고 자기 관리도 잘한다고 부러워들 하지요. 그러나 제 마음속엔 항상 삶을 포기하고 싶어 하는 마음이 있어요.

남편은 술도 좋아하지 않고 친구들과 자주 만나지도 않고 오직 성공과 가정에만 집중하는 사람입니다. 아이러니하게도 전 이러한 남편이 달갑지 않습니다. 전 술도 좋아하고 사람도 좋아하는, 인간미 넘치고 실수투성이인 그런 남자를 보듬고 살고 싶어요. 저희 남편은 일방적으로 제게 소리지르고 훈계합니다.

결혼 7년 차, 성공한 전문직 남편에 두 자녀를 둔 30대 여성의 사연이다. 그녀는 자신을 "남편과 싸우는 여자가 아니라 남편한테 혼나는 여자"라고 말했다. 자녀 앞에서 자신을 모욕적으로 대하던 시어머니의 기억도 자신을 힘들게 한다고 했다. 남들 눈에 행복해 보이는 조건을 갖췄기에 오히려 주변에 속 이야기를 할 수 없었다는 그녀가 용기를 내어 사연을 보낸 것이다.

그녀의 사연에 어떤 감정 반응이 일어나는가? 안타깝게 여기는 이들도 있겠지만, "팔자 좋은 소리 하고 있네"라며 쓰디쓴 감정을 드러내는 이들도 있을 것이다.

이 여성의 '팔자 좋은 소리'를 뽑아 보면 '성공한 전문직 남편'과 '두 자녀', 그리고 '관리를 잘한 외모'가 아닐까 싶다. 우리 사는 세상의 귀중한 성과물들이다. 그런데 그녀는 마음이 너무 괴롭다 한다. 성취의 사주팔자와 멘탈의 사주팔자는 알고리즘이 다른 것일까?

공감은 단순한 기술이 아니다. 생물학적 진실 반응이다. 공감하는 척하는 것과 진짜 공감하는 것은 다르다. 기능성 뇌영상 연구를 시행해 보면, 공감 능력이 뛰어난 사람은 남의 고통을 진실로 나의 고통으로 인식한다고 한다.

공감은 고통을 동반하기에 내성도 생긴다. 따뜻한 공감의 소유자들이 무감각해지는 이유다. 한쪽으로만 흐르는 편도의 감성 에너지는 공감을 고갈시킨다. 여기에 더해 생물학적 진실 반응이 없는 기술로서의 얕은 공감은 상대로 하여금 더 깊은 고독감에 빠지게 한다. '힐링'과 '공감', 절절하고 따뜻한 단어들이 유행하는데도 우리 마음이 더 아픈 이유다.

그녀의 고민 사연을 문자 그대로 '남편이 술 안 먹고 자기 일에 충실하면 됐지, 웬 인간미 타령이야'라고 해석하면 곤란한 이유도 바로 여기에 있다. '술도 좋아하고 사람도 좋아하는, 인간미 넘치고 실수투성이인 남자'가 그립다는 그녀의 말에는 나를 위로해 줄 공감 대상에 대한 애절한 갈망이 담겨 있기 때문이다.

공감은 문자적 소통이 아닌 맥락적 소통을 할 때 이루어진다. 그러나 바쁘게 돌아가는 삶 속에서 다른 사람의 상징과 은유를 문맥적으로 해석할 여유 따위 있을 리 없고, 그녀의 말 또한 '팔자 좋은 소리', '철없는 소리'로만 들리게 되는 것이다.

그녀가 느끼는 통증은 자기 정체성의 문제에서 오는 것이다. 인간이 느끼는 가장 큰 감성적 통증이 정체성이 흔들릴 때 느끼는 불안감이다. 그 불안감이 극단으로 치달을 때 자해, 자살 같은 문제 행동을 야기한다. 스스로 상해를 하는 그 느낌에서나마 자신의 가치를 느끼려 하는 것이다.

사연 속 여성의 정체성에 무슨 문제가 있느냐고, 엄마에 아내에 얼마나 정체성이 확실하느냐고 반문할지도 모른다. 하지만 현대인의 정체성은 '타이틀'의 문제가 아니다. 나의 정체성은 타인과의 관계에서 만들어지는데, 그녀의 문제는 타인과의 실질적인 공감의 흐름이 막힌 데서 온다.

인간은 혼자서, 단지 타이틀로 자기 존재의 감성적 포만감을 느낄 수 없다. 타인에게 인정받고 사랑받을 때 나의 '나 됨'이 뚜렷해진다.

힐링과 공감에 지친 이들을 위한 대안, 자기연민

사람이 돈을 벌기 위해 열심히 뛰는 이유는 무엇일까? 기본적으로 생존이고, 그다음은 공감과 사랑을 통한 행복 추구일 것이다. 그런데 경쟁 위주 시스템에 휘말리게 되면 본질을 놓치게 된다. 경쟁이란 싸움이고, 싸움을 잘하기 위해서는 공감 능력이 희생될 수밖에 없기 때문이다. 남의 입장을 내 입장처럼 고려하면서 어떻게 상대를 공격할 수 있겠는가.

그러기에 일에 집중하는 남편은 아내를 소홀히 하기 쉽다.

여기서 소홀이란 감성적인 공감의 결핍을 이야기한다. "내가 누구 때문에 이렇게 고생하는데"라는 남편의 말은 아내를 더 외롭게 할 뿐이다. 여기에 시월드의 거친 요구까지 동반되면 아내이자 며느리인 여성은 삶의 감성 에너지가 다 소진될 수밖에 없다.

감성 에너지의 소진은 곧 자기 존재감의 상실로 이어진다. 그리고 공감 능력도 저하된다. 싸움이 일어날 수밖에 없다. 공감 능력을 소진해 버린 부부와 가족은 점점 극단적인 대응을 하게 되고, 이는 더욱 감성 에너지를 소진시켜 악순환의 늪에 빠지게 되는 것이다.

나는 이 여성에게 '남편과 주변 분들을 공감하라. 그리고 잘 커뮤니케이션해 보라. 그러다 보면 관계도 좋아지고 가족도 다시 행복을 찾을 것이다'라고 조언하고 싶지 않다. 현재 그녀에게는 누군가를 공감할 에너지가 남아 있지 않기 때문이다. 공감은 끝없는 샘물이 아니다. 한정된 재원이다.

이렇듯 힐링과 공감에 지친 이들에게 필요한 심리학적 대안이 자기연민, 셀프 컴패션self-compassion이다. 여기서 연민은 나를 불쌍하게 여기는 것이 아니다. 공감이란 기술을 넘어서 내 약점과 한계를 그냥 이해하고 꼭 품어 사랑해 주는 것이다.

매일 조금씩 나를 사랑하는 연습이 필요해요

영국 더비 대학의 임상심리학박사 폴 길버트가 발표한 연민 집중 치료 이론Compassion Focused Therapy에 따르면, 우리의 뇌 안에는 불안에 대응하기 위한 생존 시스템과 자신의 어려움을 잘 보듬는 연민 시스템이 함께 존재한다.

두 시스템은 서로 하는 일이 다르다. 생존 시스템은 내 마음을 불안하게 하지만 생존과 성취를 이루게 한다. 생존 시스템이 '더 열심히 하자', '아직은 아니야, 멈춰선 안 돼' 하며 우리를 계속 밀어붙인다면, '넌 이미 근사해', '좀 쉬었다 해' 하는 것이 연민 시스템이다.

피로 사회를 사는 현대인의 경우 생존 시스템만 활성화돼 있고, 연민 시스템이 잘 작동하지 않기 때문에 여유가 없고 스트레스만 가득 쌓이게 되는 것이다.

이러한 연민 시스템이 내 안에서 잘 작동하고 있는지 확인할 수 있는 방법이 있다. 지난봄에 따스한 햇살과 파란 하늘을 즐겼던 기억이 남아 있는가? '봄이 온지도 몰랐네' 하는 사람은 뇌가 전투 상태에 있어 연민 시스템이 제대로 돌아가고 있지 않다고 진단할 수 있다.

이렇게 말하면 대부분의 사람은 '지금부터 봄을 즐겨야지' 하고 마음먹는다. 이것이 바로 조정이다. 마음 관리법으로 조정 전략을 오랫동안 써왔기에 우리는 자신도 모르게 좋은 것만 있

으면 내 것으로 만들려 한다. 그러나 '이제부터 연민해야지' 한
다고 연민 시스템은 작동하지 않는다.

내 안의 연민 시스템을 강화하기 위해 필수적인 것은 '용
기'다. 이 용기는 나의 한계와 단점을 부끄러워하거나 자기를
비판하지 않고 있는 그대로 받아들이는 힘이다. 나를 잘 사랑
하는 것에도 용기가 필요하다.

그리고 그다음은 '매일 조금씩 나를 사랑하는 연습'이 필요
하다. 일 처리가 허술했던 사람도 경험이 쌓이면 일의 완성도
가 높아지듯, 나를 잘 사랑하는 기술도 연습이 필요하다.

그 연습이 어마어마하게 어려운 것은 전혀 아니다. 하고 있
지 않아서 문제일 뿐이다. 자, 그럼 이제 나를 사랑하는 '마음
애정' 기술을 연마해 보자.

원래

인생은

그런

거예요

우리는 모두 영화를 찍고 있다. 영화의 제목은 '내 인생'. 따로 연기 학원을 다닐 필요도 없다. 정말 내 인생이기에 캐릭터에 깊이 몰입하여 주인공 시점에서 매일을 살고 있다.

영화 주인공이 자신의 영화를 객관적으로 볼 수 있는 시간은 언제일까. 영화를 찍을 때는 불가능하다. 주인공 시점이기에 당연히 주관적인 느낌에 더 사로잡히게 된다. 영화를 다 찍고 난 뒤 시사회 날 관객의 위치에 섰을 때, 좀 더 객관적으로 자신의 영화, 그리고 영화 속 자신의 연기를 바라보게 된다. 관객의 시점인 셈이다.

시사회 객석에서 관객의 시점으로 자신의 영화를 바라보는 배우처럼, 우리도 가끔은 내 인생이란 영화를 주인공이 아닌 관객의 시점에서 바라보는 여유를 갖는 것이 꼭 필요하다. 심리적인 이득이 크기 때문이다. 관객의 시점에서 보면 지쳤던 마음에 에너지가 훅 찾아 들어와 마음 충전이 일어난다.

관찰자의 자아로 자신을 바라보기

관객의 시점에서 조금은 더 객관적으로 자신을 바라보는 것을 '관찰자적 자아ego로 자신을 바라보기'라 한다.

심리 치료에 있어서 관찰자적 자아는 중요한 역할을 한다. 치료자는 실제 자아로 환자와 만나면서 동시에 관찰자적 자아로 환자와 치료자 사이의 여러 감정 흐름을 객관적으로 모니터링한다.

치료 횟수가 늘어나면서 조금씩 환자도 자신을 객관적으로 볼 수 있는 관찰자적 자아의 힘이 커지고 그로 인해 복잡하게 얽힌 내 마음 안의 문제, 타인과의 문제를 보다 객관적으로 이해하게 된다.

'왜 나는 사람들에게 잘해 주는데 항상 배신을 당할까' 같은 주관적 인식이 '내가 하는 배려라는 것이 내 안에 있는 의존성을 만족시키고픈 욕구에 기인하는 것이구나. 그러다 보니 기대치가 커지고, 내가 준 것만큼 상대가 주지 않으면 섭섭함을 표하게 되니 상대방이 나를 부담스러워해 떠날 수도 있는 것이구나'라는 객관적 인식으로 바뀔 수 있는 것이다.

이렇게 인식이 바뀌면 '항상 배신당하는 루저 인생'이란 자책에서도 벗어날 수 있다. 그 사람은 마음에 외로움과 의존성이 큰 만큼 기대도 커서 상대에게 사랑을 주는 것에는 장점이 있는 반면 적당한 거리에서 상대방의 사랑이 자랄 때까지 기다려 주는, 즉 사랑을 받는 방법에 서툴 뿐이다. 그러니 받는 방법을 훈련하여 보완하면 된다.

이렇게 구체적인 문제에 대한 심리 치료 상황이 아니라도 앞에서 이야기한 것처럼 매일 매일 지친 마음을 충전하기 위해서 관찰자적 자아로 자신을 바라보는, 즉 관객의 시점에서 내 인생을 바라보는 것은 꼭 필요하다.

아무리 얼굴이 편해 보이는 사람도 고민이 없는 사람은 없다. 이번 고민만 해결하면 편한 세상이 오겠지 생각하지만, 한 가지 고민이 해결되면 얼마 있다가 또 새로운 고민이 터지는 것이 인생이다.

'내 인생'이란 영화의 주인공으로 살기가 다들 만만치 않다. 힘들고 어두운 영화의 주인공이라고 스스로 느끼기 쉽다. "빡센 내 인생이여, 왜 이렇게 힘든가" 하는 독백이 절로 흘러나오게 된다.

그런데 관객의 입장에 서서 내 인생을 바라보게 되면 조금 달라진다. '인생이 빡세고 힘들다고만 생각했는데 한 발짝 물러나 보니 좋은 일도 많았네, 현재도 괜찮은 것들이 많이 보이네' 식으로 긍정적인 면들이 눈에 들어오게 된다.

더 나아가 '나만 힘들고 괴로운 줄 알았더니 원래 인생이 다 이렇구먼', '그래, 인생이라는 것이 원래 출렁거림이 있는 거지. 힘을 내보자!' 같은 객관적 시각이 주는 철학적 사고의 성숙도 일어난다.

다르게 표현하면 도인 수준의 철학적 깨달음을 얻는 것이다. 마음 측면에서 이야기하면 마음의 기대치가 쭉 떨어지고 소탈한 감성이 찾아오는 현상이 일어나는 것이다. 이때 지친 마음에 충전이 훅 일어난다.

마음의 기대치 낮추기

마인드컨트롤, 즉 마음 조정 측면에서는 높은 기대치가 효율적이다. '이번에 등수를 2등 올리겠어', '일의 효율성을 50퍼센트 올리겠어'처럼. 그런데 긍정성을 생산해 내는 마음 충전 차원에서는 기대치를 떨어트리는 것이 효율적이다.

제일 좋은 것은 마음 조정의 기대치는 높이고 마음 충전의 기대치는 낮추는 것인데, 이렇게 되면 열심히 살면서도 덜 지칠 수 있다. 작은 성공에도 큰 만족감이 찾아오기 때문이다.

마음 조정의 기대치를 올리는 것은 쉽다. 생각으로 마음을 조정하는 것이기에 '이번에 꼭 1등을 할 거야'라 생각하면 목표치가 그렇게 설정돼 버린다.

그런데 마음 충전을 위해 기대치를 낮추는 것은 간단하지 않다. '아침에 건강하게 눈을 떠 하늘을 볼 수 있는 것만으로 내 인생은 최고야' 정도까지 기대치를 낮출 수 있다면, 그 사람의 긍정성은 마르는 날 없이 항상 넘실거릴 것이다.

그런데 문제는 그렇게 생각한다고 마음이 그렇게 바뀌지 않는다는 데 있다. '소탈하게 살아야지'라고 말한다고 마음이 진짜로 소탈해지며 삶의 기대치가 뚝 떨어지지 않는다. 긍정성은 이성적인 생각이 아니라 내 마음 보다 깊은 곳에 자리하고 있는 무의식의 영역에서 샘솟는 것이기 때문이다.

불면증인 아내에게 제일 짜증 나는 남편의 말은 "마음 편히 먹고 자"란 소리라고 한다. 마음 편히 먹는 것이 내 마음대로 되지 않기 때문이다. 감정을 내 마음대로 조정할 수 있다면 정신과 의사란 직업은 아마도 없었을 것이다. '오늘은 비도 오는데 약간 센치해져', '오늘은 일이 많으니 약간 조증 상태로 만들어 활기 넘치게 해봐' 식으로 마음 조정이 가능하다면 심리 문제 때문에 굳이 정신과를 찾아올 사람이 있겠는가.

그럼 어떻게 마음의 기대치를 낮추어 마음 충전을 통한 긍정성을 샘솟게 할 것인가. 앞에서 이야기한 것처럼 내 삶을 관객의 위치에서 볼 때 이런 현상이 자연스럽게 일어난다. 그런데 어떻게 내 삶을 관객의 위치에서 볼 것인가. 실제로 찍어 영화관에 가서 볼 수도 없고, 설사 그렇게 찍어서 상영한다 해도 여전히 주인공 시점에서 바라본다면 기대했던 긍정 충전 효과는 일어나지 않는다.

그러면 어떻게 하면 관객의 위치에서 나를 바라볼 수 있을까? 그 답은 사람, 자연, 문화에 있다.

자연, 문화와 만날 때 마음에서 자연스럽게 내 인생을 관객의 위치에서 보는 현상이 일어난다고 한다. 우리 마음에는 영상을 비춰 주는 빔프로젝트가 한 대 장착돼 있다. 마음은 투사 projection를 할 수 있다. 나를 저 먼 곳에서 쏘아 비추는 것이다.

힘들고 지쳤을 때 무작정 걷고픈 마음이 들 때가 있었을 것이다. 하늘과 주변을 보며 걷다 보면 고민거리가 해결되지는 않지만 마음에 다소간의 충전이 일어나면서 '그래, 힘내서 다

시 열심히 살아보자. 힘든 것도 삶의 내용이야'라는 에너지 충
전과 철학적 성숙이 찾아오는 것을 경험하게 된다.

주변에 나를 비추어 관객으로 나를 보는 반응이 자연스럽
게 일어난 것이다.

지나간 과거에 머물지 말고,

오지 않은 미래를 불안해하지 말고

비행 공포, 운전 공포, 엘리베이터 공포 등 특정 상황에서 공포를 느껴 삶에 불편을 겪는 이들이 매우 많다. 한 사업가의 경우, 일본 기업과 큰 납품 계약이 성사돼 도쿄로 와서 계약서 도장을 찍자는 연락을 받았지만, 비행 공포 때문에 혹시 그쪽에서 서울로 올 수 없느냐고 메일을 보냈다가 부정적 반응을 얻고 계약이 무산되었다.

예약된 진료 시간이 두 시간이나 지나도 초진 환자가 도착하지 않아 바빠서 못 왔나 보다 생각했는데, 다음에 와서 하는 말이 엘리베이터 공포가 있어 서너 시간 로비에서 탑승을 시도하다 실패하고 돌아간 것이라고 했다.

공포는 미래에 대한 위험 예측이 지나칠 때 불안 반응이 패닉 수준으로 증가하면서 찾아오게 된다. 생존을 위해 일을 하는 불안에 의한 위기관리 시스템이 과작동하면 오히려 생존 기능을 떨어트리게 되는 것이다.

우리가 예측하는 미래 위험의 대부분은 일어나지 않는다고 한다. 그리고 일어나도 미리 막을 수 없는 경우가 더 많다. 불안한 징조가 분명해지면 그때부터 열심히 대처하는 것이 마음 에너지를 소진시키지 않는 가장 효과적인 접근인 셈이다.

아직 일어나지 않은 일까지 불안하게 미리 고민하다 보면 마음이 지쳐 버린다. 그러다 보면 막상 실제 불행한 일이 일어났을 때 대처하는 힘이 고갈돼 진짜로 미래가 불행해질 수도 있다.

'그래, 현재가 중요해. 이제 미래나 과거에 너무 시간 투자 말고 현재에 더 집중하자'라고 자신의 마음에게 말하는 것, 의미는 있지만 큰 효과는 없다. 마음이 내가 말하는 대로 척척 움직여 주지 않기 때문이다. 미래와 과거 사이의 시간을 빼와서 현재를 찾는 것보다는 현재를 풍성하게 해 의식이 미래와 과거로 향하려는 시간을 줄이는 것이 더 효과적인 방법이다.

답은 지금, 여기에 있어요

행복을 연구하는 이들에 따르면 행복은 생각이 아니라 '반응'이라 한다. '행복하자, 행복하자' 아무리 속으로 되새겨도 행복감이 잘 찾아오지 않는다는 것이다. '아닌데, 행복하다 생각하면 행복해진 적 있는데'라고 반문하는 이도 있을 것이다.

그러나 잘 생각해 보면, 행복한 느낌이 먼저 찾아오고 이후 '행복하다'는 생각이 든 경우가 대부분일 것이다. 행복이 반응이라는 것은 그 반응을 일으키는 무언가를 해줄 때 행복감이 찾아온다는 것이다. 즉, 자신이 무엇을 할 때 행복한지를 잘 연구·개발해서 터득하고 그 활동을 꾸준히 하는 사람이 행복감을 잘 느끼며 살 수 있다는 이야기다.

서점에 쌓여 있는 수많은 심리서, 행복서들의 핵심 단어를 묻는다면 현재, 'here and now'라고 말하고 싶다.

내 아이든 조카든 다섯 살쯤 되는 아이들과 몇 시간 동안 놀아 본 적이 있는가. 재미있기도 하지만 정말 힘들다. 눈뜨자 마자 같이 놀자며 덤벼들어 곯아떨어질 때까지 쉴 새 없이 놀아대니, 같이 놀아 주는 어른들의 '업무 강도'가 어마어마하다. 회사에 나가 일하는 것이 더 편하겠다고 할 정도다.

이 다섯 살짜리 아이의 엄청난 에너지는 어디서 솟아오르는 것일까? '역시 애들은 힘이 좋아'라고 말하지만 사실 근육의 힘은 우리 어른들이 훨씬 세다. 실제 힘의 문제가 아니라 심리적 에너지의 문제인 것이다. 아이들의 심리 에너지를 받아 우리도 그렇게 열심히 살 수 있으면 좋겠는데 지친 마음이 잘 움직여 주지 않는다.

이 어마어마한 에너지의 근원은 현재에 있다. 다섯 살짜리 아이가 "인생을 잘못 살았다"라고 후회하는 것을 본 적이 있는가. 반대로 "어떻게 여덟 살을 보낼지 걱정돼"라며 미래를 걱정하는 것을 본 적이 있는가. 아이들의 엄청난 힘은 100퍼센트 현재를 사는 데서 나오는 것이다. 그래서 다큐멘터리 등에서 전쟁처럼 매우 긴박한 상황에서도 여유만 있으면 뛰노는 아이들의 모습을 보게 되는 것이다.

만약 아이들이 미래를 보는 능력을 갖고 태어난다면 인류가 유지되었을까 하는 농담 같은 생각도 해보게 된다. 나 같으면 "응애" 하고 태어났는데 20년 후 수능도 치러야 하고 취직도 해야 하고…. "으아 피곤하다, 피곤해" 하며 엄마의 따뜻한 배 안으로 다시 들어가고 싶을 것이다.

어쩌면 현재의 행복에 집중해 에너지를 끌어당기는 능력은 개발이 아니라 회복이 필요한 대상인지도 모르겠다. 우리는 태어날 때부터 현재에 대한 집중력을 갖고 태어나기 때문이다. 물론 현재만 생각하며 살 수는 없다. 그래서 우리가 학교에 다니고 사회생활을 하며 개발시킨 것이 바로 미래와 과거를 다루는 기술이다.

시행착오를 계속 저지르면 어리석은 삶이다. 과거를 분석하고 반성해 지혜를 얻어야 한다. 미래를 아무 대비 없이 맞이하는 것도 어리석은 삶이다. 닥칠 위기를 미리 예측해 사전에 위기에 대한 대응 시나리오를 만들어 놓을 수 있어야 한다.

그러나 미래에 과도하게 몰입하면 불안이, 과거에 지나치게 빠져버리면 우울이 진하게 찾아온다. 불안과 우울이 가득하게 되면 마음에 행복이 머물 수 없게 된다. 연구에 따라서는 우리 생각의 30퍼센트만 과거와 미래로 분산돼도 현재에서 행복감을 잘 느낄 수 없다고 한다. 한번은 내가 어느 시점으로 살고 있나 하루 동안 나의 생각을 적어 보았는데 거의 대부분 생각의 시점이 과거나 미래에 가 있어 놀란 적이 있다.

'열심히 노력해. 더 행복해질 거야'란 말에는 함정이 있다. 열심히 노력하면 더 성취할 수 있을지는 모른다. 그러나 성취가 행복감을 가져다주지는 않는다.

오늘 꼭 행복할 거야

우리는 행복하기 위해서 열심히 사는 걸까? 아니면 행복해서 열심히 사는 걸까? '행복하기 위해서 열심히 산다'란 생각이 일반적이다. 그러나 행복 연구자들은 '행복해서 열심히 사는 것'이라고 한다. 행복하기 때문에 기를 쓰고 생존하려고 했고 그래서 인류가 지금까지 살아남았다는 것이다. 행복을 목표로 생존하고자 노력했다면 힘이 들어 인류는 이미 없어졌을지도 모른다.

'행복하기 위해서 열심히 산다'라는 말에는 수정이 필요하다. '오늘 꼭 행복할 거야, 그래야 열심히 살 수 있고, 그래서 더 성취할 수 있고, 그리고 그것을 더 행복으로 느낄 수도 있어'가 자연스러운 과정이다.

오늘 행복할 수 없는 사람이 10년 후 행복할 확률은 떨어진다. 행복은 바로 오늘 현재에서 캐내야 하는 에너지다. 그 에너지를 잘 캐내는 기술의 연마가 필요한 것이다. 그 기술이 현재 없는데 그냥 열심히만 산다고 10년 후에 자동으로 생기지는 않는다.

한편 긍정성은 자존감과 비슷한 말이다. 자존감은 나는 사랑받을 만한 존재라는 '자기 가치감'과 어려운 일이 생겼을 때 이를 극복하고 좋은 결과를 낼 수 있을 거라는 '자신감'의 혼합물이다.

성공 경험이 쌓여도 자존감이 튼튼해지겠지만, 그보다 자존감이 더 중요한 것은 시작점으로서의 의미다. 자존감이 튼튼한 사람일수록 성공 경험에 이를 확률이 높아지는 것이다. 열심히 일하는 사람이 단기적으론 앞서갈지 모르지만 즐기며 일하는 사람이 중장기적으로 성공에 이르는 것을 더 자주 보게 된다. 현재를 즐긴다는 것, 긍정성이고 곧 튼실한 자존감이다.

자존감을 공식으로 만들면 분자는 성공, 분모는 욕심이라 한다. 더 많이 성공하는 것만큼이나 욕심을 버리는 것이 중요한 자존감 유지 전략이라는 것이다. 욕심을 버린다는 것은 곧 현재 내가 가지고 있는 소중한 것에 감사하며 충분히 즐긴다는 것이고, 그러다 보면 마음의 기대치가 떨어지며 소탈한 마음이 주는 긍정성이 차오르게 된다.

그 긍정성은 성공의 가장 핵심적인 요소이고 그러다 보면 성공의 수치도 올라가게 된다. 성공과 욕심 수치가 같이 올라가거나 욕심이 앞서면 자존감은 떨어져 성공 확률이 줄어들게 된다.

너무나 아이러니하지만 오늘을 제대로 즐기는 사람이 더 행복하고 더 성공할 수 있다는 이야기다.

하루 10분 멍 때리며 걷기

멍 때리기는 잡념과 다르다. 멍 때리기도 정확한 용어는 아닌데 기술적인 용어를 쓰자면 뇌를 태스크 네거티브_{task-negative} 즉, 과업을 수행하지 않는 상태로 만드는 것으로, 외부와 연결된 정보 채널과의 연결을 잠시 끊고 내면과 연결하는 것을 이야기한다. 처음 멍 때리며 걷기를 하다 보면 잡념에 자꾸 빠지게 된다. 그래서 '하늘, 자연, 사람' 같은 큐사인을 주며 산책하는 것이 효과적이다.

먼저 하늘을 본다. '오늘은 어제보다 하늘이 파랗네.' 그리고 주변 사람을 본다. '카페 사장님 얼굴이 오늘 좀 우울하네.' 그리고 주변 자연을 본다. '활짝 폈던 꽃이 떨어졌네.'

이렇게 과거(후회), 미래(염려)가 아닌 현재에 집중하다 보면 우리 뇌 안의 태스크 포지티브task-positive 신경망(미래, 과거를 다루는 일하는 뇌)이 잠시 꺼지면서 태스크 네거티브 상태가 되고 자연스럽게 내면의 내 마음과 만나게 된다.

그때 행복 반응이 자연스럽게 찾아오며 마음 충전도 일어나고, 이 에너지는 열심히 살아가는 데 꼭 필요한 공감·소통, 창조적 사고 능력을 회복시켜 준다.

그간 행복을 위해 너무 큰 기술만을 연마해 왔던 것은 아닌지 한번 자신을 돌아보라. 오늘에서 행복을 캐는 기술이 너무 어려웠다면, 그 또한 인류의 생존을 위협했을지 모른다.

뭐든지 기본기가 중요하다. 하루 10분이라도 내 마음과 만나는 기술부터 연마해 보자. 잠시 과거, 미래에서 벗어나 현재에 집중하는 것만으로도 우리 마음에 행복이 찾아올 수 있다.

자책하기 전에 칭찬해 주세요

일상의 활동을 적는 것이 사소한 일 같지만 내 미래를 풍성하게 만들어 준다는 연구 결과가 하버드비즈니스스쿨에서 발표된 적이 있다. 오늘을 적어 놓는 것이 미래를 재발견하게 하는 자료로 사용될 수 있다는 것이다.

자신의 삶을 다 기억할 수 있을 거라는 잘못된 믿음을 가진 사람들이 많은데, 사실은 그렇지가 않다. 그래서 오늘 나의 느낌과 일상을 기록하는 것은 타임캡슐을 꺼내 보는 것처럼 훗날 다시 보았을 때 단조롭게 느껴지는 삶을 재조명할 수 있는 기회를 제공하는 것이다.

그래서 일주일에 한 번 행복 일기 쓰기를 권하고 싶다. 왠지 고리타분하게 보이고, 이 나이에 일기를 쓴다는 게 유치하게 느껴질지 모른다. 하지만 이 단순한 작업이 미래를 풍성하게 만들 뿐 아니라 먼 미래까지 가지 않더라도 일기를 쓰는 그 순간에 행복을 증대시킨다는 연구 결과가 나와 있다.

행복과 관련된 연구 결과를 보면 의외로 단순한 것들이 많다. 행복에 이르려면 고차원적으로 접근하거나 미적분학 문제를 풀듯 복잡한 단계를 거쳐야 할 듯한데, 그렇지 않은가 보다.

그런데 아무리 쉬운 일도 하지 않으면 소용없다. 안 해보면 그 맛을 알 수가 없기 때문이다. 배고픔처럼 본능이 동기가 되면 먹지 말라고 해도 먹을 텐데 행복 일기 같은 것은 본능적으로 당기는 녀석은 아니다. 재미없어 보이기까지 하니 접근이 쉽지 않은데, 막상 해보면 그 맛이 느껴지고 그제야 동기가 생겨 즐겁게 할 수 있게 된다.

셀프 잔소리 대신 셀프 칭찬을!

우선 일기를 쓰고 있는지 궁금하다. 과거에 비해 일기를 쓰는 사람이 줄어든 것 같다. 만약에 쓰고 있다면 어떤 내용으로 쓰고 있는가? 혹시 자아비판 성격의, 자신의 문제점을 나열하고 반성하는 내용은 아닌가?

어렸을 때는 일기에 주로 즐거운 일을 썼던 것 같은데, 나이가 들수록 반성문 형태가 주를 이루지 않았나 싶다. 반성도 중요하지만 매일 잘못한 것만 적다 보면, 짜증이 나기 쉽고 그러다 보면 일기에 대한 흥미나 관심도 줄어든다.

그래서 '행복 일기'보다는 '잘했어요 노트' 쓰기를 권하는 것이다. 일기에 대한 저항감도 덜어내고 내 마음을 설득하는 데도 더 좋지 않을까 한다.

잘했어요 노트 쓰기는 매우 단순하다. 일주일에 한 번, 예를 들면 주말에 5분 정도 시간을 내어 일주일을 돌아보고 행복하고 감사했던 순간을 세 가지만 적는 것이다. 연구에 따르면 이런 노트 쓰기를 꾸준히 하는 사람은 그렇지 않은 사람에 비해 행복감이 크고, 스트레스에 대한 저항력도 높은 것으로 나타났다.

운동이 좋다는 걸 모르는 사람은 없지만 바쁜 일상에 치여 우선순위가 밀리다 보면 못 하게 되는 것처럼, 잘했어요 노트 쓰기와 같은 마음 운동도 바쁘다고 미루게 되기가 쉽다. 당장 이번 주부터 5분 정도만 시간을 내어 해보았으면 한다. 현재 나의 행복감을 증폭시키는 동시에 미래에 그 순간의 현재를 재발견하게 해줄 타임캡슐을 만드는 일이기 때문이다.

잘했어요 노트 쓰기는 셀프 칭찬이다. 내 마음을 하나의 인격체로 여기고 소중한 친구, 애인으로 애정해 주는 시간을 갖는 것은 마음의 긍정성, 자존감을 유지하는 데 매우 중요하다.

잘했어요 노트 쓰기가 행복감을 주는 것도 내 마음에 따뜻한 칭찬을 했기 때문이다. 마음은 기분이 좋아지면 삶의 긍정성, 자존감을 선물로 안겨 준다. 그런데 우리가 마음과 대화하는 내용을 한번 적어 보면 비판적으로만 다그치는 경우가 많다. 그러다 보면 긍정성, 자존감이 흔들리게 된다.

마음 상담에서 하는 중요한 작업 중 하나가 자신에게 향하는 부정적인 단어를 중립적 또는 긍정적인 단어로 바꾸는 훈련을 하는 것이다. 예를 들어, "전 너무 예민해서 피곤해요"라고 말했다면 '예민'을 '섬세함'으로 바꾸는 것이다. "전 너무 섬세해서 좋은 느낌, 때론 슬픔을 강하게 느껴 삶을 더 잘 느낄 수 있지만 때론 너무 느끼다 보니 좀 피곤해요"로 말이다.

말장난이 아니다. 후자가 더 팩트에 근접한 셀프 평가다. "저는 이런 성격적 문제가 있어요"라는 말은 "저는 이런 성격적 특징이 있어요"로 바꿔 준다. '문제'는 부정적인 것으로 바꾸어 야 하는 대상이지만, '특징'이란 말에는 장단점이 섞여 있다.

타인에 대한 배려는 깊은데 속내를 잘 표현하지 못하는 사람의 경우, 많은 사람에게 좋은 평가를 받을 수는 있으나 속 깊은 대화까지 나눌 수 있는 관계에 대한 결핍을 느끼기 쉽다. 그렇다고 자신을 '위선자'라고 부정적으로 평가하고 성격이 문제라고 단정해 버리면 긍정성, 자존감은 무너지고 만다.

세상에 다 좋은 것이 없듯, 배려심이라는 훌륭한 성격적 특징을 가지고 있더라도 자신을 잘 표현하지 못하면 깊은 관계를 맺을 수 있는 기회가 줄어드는 약간의 불편이 있을 수 있다. 그러나 그것은 훈련으로 보완하면 된다.

평소 셀프 칭찬을 잘하는 사람이라면 굳이 잘했어요 노트 쓰기를 할 필요는 없을지 모른다. 그러나 자기비판을 많이 하는 사람이라면 잘했어요 노트 쓰기로 셀프 칭찬을 훈련하는 것이 좋다. 셀프 칭찬의 반대, 즉 셀프 잔소리인 자책은 마음을 지치게 할 뿐 아니라 생명까지도 단축시킬 수 있다.

자책과 잔소리는 이제 그만

부정적인 언어가 얼마나 부정적인 영향을 개인에게 미치는지를 보여 주는 구체적인 연구 결과가 있다. 세계적인 의학

저널 〈NEJM New England Journal of Medicine〉에서 600만 명을 대상으로 한 연구인데 암이란 진단을 들었을 때의 언어적 충격이 얼마나 큰가를 암 진단을 들은 후 일주일간의 자살률과 심장 쇼크 사망률로 평가했다. 그에 따르면 정상인에 비해 자살률은 12.6배, 심장 쇼크 사망률은 5.6배나 증가하였다.

이들은 암이란 신체 질환으로 생을 마감한 것이 아니다. 암이 걸렸다는 언어적 콘텐츠가 감성 시스템에 유발시킨 걱정과 자책으로 생이 단축된 것이다. 심장 쇼크로 인한 사망은 의도적 자살은 아니나 생물학적 자살 biological suicide이라 볼 수 있다. 이렇듯 셀프 칭찬엔 인색하고 셀프 잔소리만 내 마음에 잔뜩 퍼붓는 것은 마음과 몸의 건강에 매우 부정적인 영향을 미친다.

심장 쇼크의 대표적인 원인은 심혈관 질환이다. 심장에 영양을 공급하는 혈관이 좁아져 심장이 더 이상 기능하지 못하는 것인데, 미국의 경우 1950년대부터 심혈관 질환이 급증하기 시작했다.

그 원인을 밝히기 위해 당시 필라델피아 지역을 대상으로 역학 연구가 이루어졌고, 교정 가능한 위험 요인으로 흡연, 비만, 과도한 지방 섭취 등과 연관된 고지혈증이 밝혀졌다.

참고 참다가 야식의 유혹을 이기지 못하고 음식을 입에 넣을 때 느끼는 포만의 행복감과 더불어 밀려드는 자괴감의 유래가 그리 오래된 이야기가 아닌 것이다. 50년 전만 해도 우리는 그저 편안하게 식사를 했다. 다이어트와 관련된 자책과 잔소리의 역사는 그리 길지 않다.

체중계에 오를 때마다 우리는 '의지박약'이라고 자책하고, 다시 다이어트를 결심하며 피트니스센터 1년 회원권에 돈을 지불한다. 그리고 또 피트니스센터에 가지 못한 날들에 괴로워한다. 과연 이 집요한, 건강한 심장에 대한 걱정과 잔소리가 우리 몸에 긍정적일까?

로세토 역설_{roseto paradox}에 힌트가 있다. 로세토는 필라델피아의 한 마을이다. 앞서 언급했던 연구에서 필라델피아의 모든 지역에서 심장 쇼크 사망률이 증가한 데 반해, 이 지역은 전혀 증가하지 않았다. 65세 이하에서는 심장 쇼크로 인한 사망이 아예 없었고, 그 이상 연령에서도 심장병 사망률이 반밖에 되지 않았다.

그렇다면 이 지역은 담배도 덜 피우고 식이 조절이 잘돼 비만인 사람도 적은가 조사해 봤더니, 웬걸 흡연자도 훨씬 많고 비만인 사람도 더 많았다. 그런데도 심혈관 질환자는 적었던 것이다. 이 역설적 결과의 원인은 무엇이었을까?

정신과 의사가 이 지역에 투입돼 연구를 이어 갔고, 그 원인이 따뜻한 대가족 시스템에 있다는 결론을 도출했다. 이 마을은 이탈리아의 한 고장 사람들이 단체로 이주한 곳으로, 누군가 생존 경쟁을 위한 불필요한 걱정과 갈등을 일으키면 그 사람이 소외되는 분위기였다. 그야말로 감성 시스템이 평화로운 곳이었던 것이다.

모든 마을 사람이 일주일에 두 번은 같은 음식을 먹었다는 것만 보아도 그 화목한 분위기를 짐작할 수 있다. 예를 들면 '목요 파스타 데이'처럼. 기름진 음식을 먹어 비만 상태이긴 했지만, 그들은 서로를 위로하였고, 불필요한 불안과 걱정, 잔소리의 발생을 최소화할 수 있게 감성 시스템을 항상 촉촉하게 유지했던 것이다.

그러나 이런 평화도 오래가지는 못했는데 미디어의 영향으로 좀 더 나은 삶, 아메리칸 드림을 실현하고자 했던 젊은 남성, 결혼한 여성들이 자신의 삶을 현대적 삶으로 바꾸어 가면서 이곳의 심장병 사망률도 증가해 주변과 차이가 없어졌다. 오래 살기 위해 하지 않던 다이어트를 하고 피트니스센터를 다녔음에도 불구하고.

그렇다고 끊었던 담배를 다시 피우고 잘하고 있었던 식이조절도 다 포기하잔 이야기는 아니다. 우선순위에 대한 이야기다. 나에게 제일 소중한 것은 내 마음이다. 우리는 너무 마음을 다그치고만 살고 있지 않나 싶다. 마음이 원한다면 가끔은 실컷 먹고 마시자. 그때 '난 왜 이렇게 의지도 약하고 이 모양이지'라고 생각하지 말고 내 마음에게 고마움도 전하고 칭찬도 해주면서 말이다.

그리고 행복 일기로 하루를 마감하는 것이다. 다음 날 마음의 행복감은 더 커져 있고 먹은 것에 비해 체중은 덜 증가했을 가능성이 크다. 스트레스 받으며 먹으면 똑같은 양을 먹어도 복부에 더 에너지를 축적하는 경향이 크다.

매일
조금씩
나를
더
사랑하는
연습

일주일에 한 번 긍정 노트 쓰기

나에 대한 긍정 노트를 하나 만들어 보라. 일주일에 하루 5분 정도만 시간을 내서, 내가 꽤 괜찮아 보였던 일을 한두 가지 적는 것이다. "파란 하늘이 내 눈에 들어와 상쾌함을 주었어. 나는 자연을 즐길 수 있는 마음을 가지고 있어" 같은 단순하고 소박한 것이어도 좋다. 이를 꾸준히 하면 내 강점을 이해할 수 있고, 더 나아가 자존감의 든든한 데이터베이스가 될 것이다. 자신의 부정적인 면을 주로 보는 이에게 권하는 방법이다.

잘 공감할수록 인생은 피곤해집니다

삶에 지쳐 있을 때 우리는 어떤 친구에게 더 위로를 받을까. 힘내라고 격려하며 열심히 해결책을 이야기해 주는 친구? 아니면 커피 한 잔 또는 소주 한 잔 내밀며 묵묵히 내 이야기를 경청해 주는 친구?

아직 힘이 남아 있고 살짝 지쳤을 땐 전자의 친구가 좋을 수 있다. 친구의 격려에 다시 힘을 내다 보면 실제 지친 마음에 에너지가 충전되기도 한다. 하지만 너무 지친 상태라면 더 짜증이 날 수 있다. 그 친구에 대한 미운 감정까지 생겨나고 자리를 박차고 나가 버릴 수도 있다.

너무너무 지쳤을 때, 말주변이 없어도 공감 어린 시선으로 묵묵히 옆을 지켜주는 친구에게서 더 큰 위로를 받은 경험이 있을 것이다. 상대방에게 따뜻한 에너지를 전달하는 소통 방법 중 3등은 말(언어)이라고 한다. 2등은 스킨십, 1등은 아이 컨택트_{eye contact}, 즉 눈 맞춤이다. 비언어적 소통이 더 효과적인 위로의 도구가 될 수 있는 것이다.

물론 눈만 맞춘다고 상대방에게 위로의 에너지를 보낼 수 있는 것은 아니다. 똑같은 눈 맞춤이라도 "너 왜 째려봐"처럼 공격으로 느껴지는 소통도 있을 수 있다. 이 또한 비언어적 소통의 강력함이다. 눈빛만으로 사람을 제압하거나 공격성을 드러낼 수 있는 것이다.

"내 눈을 쳐다보고 이야기해 봐"나 "말로는 사람을 속여도 눈으론 속일 수 없어" 같은 말들은 눈에 마음의 진실이 담겨 있음을 이야기한다. 감정을 숨기고 싶을 때 우린 자신도 모르게 상대방이 볼 수 없도록 시선을 돌려 버린다.

눈빛 위로를 위해서는 두 가지가 필요하다. 상대방에 대한 공감이 작동해야 하고, 상대방에게 나눠 줄 정도로 충분한 에너지가 내 마음에 있어야 한다.

공감 유전자가 많으면 번아웃이 오기 쉽습니다

공감이란 두 사람의 마음이 서로 연결되는 것이다. '공감해야지' 하고 생각한다고 공감이 되진 않는다. 공감은 자연스러운 마음의 반응이기 때문이다. 상대방에 대한 애정이 있을 때 공감은 작동된다. 또 상대방이 그 애정에 반응해야 비로소 마음이 연결된다.

연결되었다고만 해서 지친 상대방을 따뜻하게 위로할 수 있는 것은 아니다. 상대에게 줄 공감 에너지가 충분해야 전달할 수 있다. 나도 고갈돼 있는데 남에게 억지로 주다 보면 공감을 전달할 때 행복감이 아닌 통증이 찾아오고 스스로 번아웃돼 버릴 수 있다. 그러다 보면 연결된 통로로 짜증이 스며들어 오히려 상대방의 마음을 더 다운시킬 수도 있다.

그런데 공감 능력은 소통 기술이 아니다. 기술이 있으면 더 효율적이겠지만 내 뇌 안에 있는 마음의 자연스러운 반응이다.

유전성이 50퍼센트란 연구 결과도 있다. 태어날 때부터 반은 결정된다는, 이미 공감 능력에 차이가 있다는 이야기다.

자신의 공감 능력이 좋다고 이야기하는 사람일수록 공감 능력이 좋지 않은 사람일 확률이 높다. 정말 공감 능력이 좋은 사람들은 오히려 "너를 더 위로해 주지 못해 미안해", 심지어는 "나는 공감 능력이 없어"라고 이야기한다.

공감 소통 능력은 개인의 덕목을 떠나 비즈니스 키워드로 중요시되고 있다. 개인의 행복을 넘어 기업의 생존·발전을 위한 경영전략 측면에서도 조직원 간의 공감과 소통을 강조한다. 그래서 공감 유전자를 왕창 갖고 태어났으면 하겠지만, 여기에는 의외의 이중성이 있다.

공감 유전자가 많다는 것은 에너지 효율이 떨어지는 마음을 갖고 태어난 셈이다. 스위치를 선택적으로 켜는 것이 어렵기 때문에 공감 유전자가 많은 사람은 관계에 있어 에너지 소모가 많고, 그만큼 번아웃이 일어나기 쉽다. 그런 만큼 더 열심히 에너지를 채워 주어야 하는데, 그렇지 못할 경우 순간적으로 공감 에너지가 바닥나며 갑자기 까칠한 언행이 튀어나와 자신과 타인 모두를 당황케 할 수 있다.

공감 에너지가 제로인 상태로 태어나는 정신병리가 사이코패스다. 공감 능력이 없으니 타인에게 해를 끼쳐도 죄책감이 없고, 그래서 쉽게 타인을 괴롭힐 수 있는 것이다. 에너지가 바닥난다고 사이코패스가 되는 것은 아니지만, 따뜻한 공감 능력을 가진 사람이 받지 않고 쓰기만 하면 순간 공감 에너지 제로의 까칠한 상태가 될 수 있다.

우월한 공감 유전자를 가진 간호사가 병원에 들어왔다. 타고난 공감 능력이 있으니 환자의 고통을 내 고통으로 느끼고, 친절 교육이 따로 필요 없을 정도로 진심으로 환자를 간호한다. 그래서 주변의 칭찬이 자자하고, 상도 받는다. 그런데 이렇게 회사 생활을 잘하다 갑자기 그만두는 사람이 있다.

앞서 말했지만 공감 능력이 좋다는 것은 그만큼 감성 에너지 소비도 크다는 것이다. 일만 열심히 하다 보면 불친절한 간호사보다 배터리가 더 빨리 소진된다. 감성 시스템이 닳아 버리면 더 이상 공감하지 못한다. 갑자기 환자가 짜증 나고 싫어지는 것이다. 그러면 스스로에 대한 자괴감이 들고, 결국 자신감을 잃고 일을 그만두게 된다.

공감은 상대방의 고통을 내 고통처럼 느끼고 이해하는, 매우 본질적이고 생물학적인 프로세스다. 뇌의 활성도를 측정하는 뇌 영상 촬영 기법을 활용한 연구 결과를 보면, 공감 능력이 좋은 사람들은 상대방의 고통이 담긴 이미지를 보았을 때 고통을 느끼는 부분의 활성도가 더 크게 증가한다. 뇌의 활성도가 큰 만큼 많은 에너지를 태우며 소비하고 있는 것이다.

과거에 비해 사람 만나는 일이 피곤하게 느껴지고, 사람들에게 표현은 안 해도 속에서 짜증 나고 울컥하는 일이 잦아졌다면 마음의 에너지가 소진된 것이다. 그만큼 남을 공감하며 열심히 살았다는 방증이기도 하다. 그러니 '마음아 그동안 고생했어. 내가 이제는 잘해 줄게'라며 남을 공감하기 이전에 내가 먼저 나를 공감하고 위로해 주자.

숙제하듯 쉬지 말아요

"저는 30분 이상 걸어도 등에 땀이 나지 않아 걱정입니다." 어느 중년 남성의 고민이다. 건강 정보가 강박적인 스트레스를 주는 셈인데 그에게는 운동이 즐거움이 아니라 삶의 숙제가 된 것이다.

운동이 건강에 좋은 것은 몸의 기계적인 움직임도 도움이 되지만 내 몸의 움직임을 느끼고 주변의 자연과 교감할 때, 마음에 쌓인 스트레스가 녹으며 이완되기 때문이다. 전투 상태의 뇌가 평화 상태로 전환되는 것이다.

운동이 항우울제 버금가는 효과가 있다는 연구 결과도 있지만, 운동을 숙제처럼 하다 보면 마음을 더 피곤하게 할 수 있고, 중간에 그만두기도 쉽다.

그래서 운동이 숙제가 돼 버린 분들께는 "건강을 위해 운동하지 마세요"라고 말씀드린다. 운동은 내 몸과 자연을 즐기는 활동이고, 운동을 즐기다 보면 건강은 덤으로 찾아온다. 운동이 삶의 목적이 아닌 건강의 수단이 되다 보니 즐거움을 주는 활동들이 피곤한 인생의 숙제가 되어 버리는 것이다.

그저 느끼고 즐기면 됩니다

운동을 숙제가 아닌 취미로 즐겨야 지치지 않고 꾸준히 할 수 있듯, 자연과 만나고 문화를 즐기는 일도 마찬가지다. 삶의 전환점에서 해외까지 나가 긴 구간을 걷는 동안 삶의 새로운 에너지와 관점을 발견했다는 분들이 있다. 자신을 객관적으로 바라보는 성숙의 시간을 가진 것이다.

그런데 "열심히 자연, 문화와 만났는데도 충전이 일어나지 않아요. 재미도 없고 피곤하기만 해요"라고 말하는 분들도 꽤 있다. 자연, 문화를 만나기는 했는데 마음 충전이 아닌 마음 조정이 일어나 버려서 그렇다.

아이러니하게도 마음 충전을 목표로 삼고 자연, 문화를 만나면 마음 조정이 일어나 더 피곤해지기 쉽다. 목표를 높이 설정해 버렸기 때문이다. 마음 충전이 결과가 되어야지, 이를 목표로 삼으면 매우 어려운 목표가 되어 버린다.

'잠시 바쁜 일상에서 벗어나 자연과 문화를 만나는 소탈한 시간을 즐겨야지'라는 소박한 목표로 접근해야 주인공으로 열심히 사는 마음 조정이 아닌, 멀리서 나를 바라보는 마음 충전이 자연스럽게 활성화된다.

'잘 노는 사람이 성공한다'는 말이 퍼지면서 사람들은 노는 것도 숙제하듯 하려고 한다. 힐링도 숙제나 자기계발처럼 접근하는 모습을 보면 정말 슬프다. 자연, 문화를 즐길 때 힐링이 찾아오는 것은 아마도 그것을 즐기는 것이 삶의 소중한 기쁨으로 느껴지도록 우리가 만들어졌기 때문일 것이다.

기쁨, 행복, 힐링, 마음 충전 모두 마음의 반응이다. 반응을 목표로 삼으면 인생이 다 숙제가 되어 버린다. 숙제처럼 열심히 인생을 살다가 잠깐 짬을 내어 내 마음에 기쁨이란 반응을 일으키는 자극을 줄 때 자연스럽게 행복과 힐링이 찾아오게 된다.

'창조력 고취를 위해 음악을 듣고 미술을 감상하자'도 참 슬픈 이야기다. 너무 마음 조정, 자기계발만 하다 보니 그냥 있는 그대로 내 삶을 바라보고 즐기는 여유와 능력이 퇴화돼 버리지 않았나 싶다.

'놀아야 한다', '놀아야 성공한다' 이런 기분으로 노는 것은 의미가 없다. 놀이가 또 하나의 일처럼 되어서 뇌가 충전되지 않는다. 자연스럽게 자연과 문화를 만나보자. 어떤 의도도 없이, 만남 자체를 만남의 이유로.

4장

거리가 있어야
좋은 관계입니다

우릴 가장 힘들게 하는 것도
사람이고
우릴 가장 잘 충전시켜 줄 수 있는 것도
사람입니다.
다른 사람에게 비친 내 모습이
아름답고 멋지다고 느낄 때
마음 충전이 일어납니다.

외로운 게 당연한 겁니다

트위터, 페이스북 같은 소셜 네트워크 서비스Social Network Service, SNS는 이미 특별할 것이 없는, 우리 삶 깊숙이 들어와 있는 소통 수단이다. SNS의 성공은 우리 내면에 얼마나 다른 사람과 연결되기 원하는 욕구가 존재하는가를 보여 주는 증거다.

우리는 모두 외롭다. 외로움의 본능이 누군가와 연결되기를 원하는 마음과 행동을 만든다. SNS에 내 이야기를 올리고 거기에 연결된 타인들의 관심과 반응을 보며 혼자가 아니라고 느끼는 것이다.

그런데 이상한 일은 SNS 이용 시간과 외로움의 관계를 연구한 결과, SNS를 하는 데 들이는 시간이 늘어날수록 사람들이 느끼는 외로움도 더 커졌다고 한다. 실제 SNS가 나를 외롭게 한다는 고민 사연도 적지 않다.

서른 살 여성 직장인입니다. 휴학도 하고, 대학원도 다니느라 취직이 늦어 올해 입사하게 되었습니다. 젊은 분위기의 IT벤처 회사라 저보다 나이 어린 직장 선배들이 꽤 있습니다. 입사 동기들도 다 저보다 어리고요.
그러다 보니 마음이 외롭고 적적해 트위터, 페이스북 같은 SNS에 많이 의지하게 된 것 같습니다. 제 글에 댓글이 달리면 누군가의 관심에 기분도 좋아지고요. 그래서 열심히 더 멋진 글과 사진을 올리려고 애썼고 덕분에 댓글도 더 많이 달리는데 요즘 다시 허전하고 외로운 감정이 몰려오고 있습니다. 이 외로움의 정체는 무엇인가요?

SNS 자체가 그를 외롭게 한 것일까? 그렇지 않다. SNS는 사람과 사람의 소통, 즉 연결을 더 효율적으로 해주는 도구다. 진짜 문제는 SNS에 과도하게 몰입하다 보면 진짜 사람을 만나 연결되는 시간이 오히려 줄어든다는 데 있다. 친구와 식사를 하면서도 '친구와 끝내주는 곱창 먹는 중'이라는 글을 SNS에 올리느라 정작 내 앞에 앉아 있는 친구에게는 집중하지 못하는 것이다.

지금 내 앞에 있는 사람에게 집중하지 못한다는 것은 곧 현재에 집중하지 못한다는 것이고, 외로움은 현재 내 주변 대상과의 연결이 단절되었다고 느낄 때 나타나는 감정이다.

외로움은 본능입니다

보통 우리는 외로움을 느낄 때 내 주변 환경에 결핍이 있어서라고 생각한다. 하지만 아무리 따뜻한 환경에 있더라도 사람은 외로움을 느낀다. 외로움은 식욕이나 성욕처럼 엄마 배 속에서부터 갖고 태어나는 본능의 감성이기 때문이다.

생존을 위해서는 식욕이나 다음 세대를 만들기 위한 성욕 만큼 외로움도 중요하다. 사회적 유대감을 형성토록 하는 힘,

외로움도 우리 유전자 안에 본능적 느낌으로 내재돼 있다.

외롭지 않다면 사회적 관계를 열심히 맺으려는 동기가 생기겠는가. 인간이 발달시킨 사회와 문화는 사회적 관계망 속에서 이루진 것이고, 사회적 유대감을 향한 갈망이 없었다면 인간은 문화적 특성을 갖기 어려웠을 것이다. 외롭지 않았다면 현재의 문명도 존재하지 않았을지 모른다.

그렇다면 타고나기를 더 외로운 사람이 있을까? 외로움에 대한 최근 연구를 보면 '그렇다'고 한다. 어떤 특성의 유전적 경향을 알기 위해 하는 연구가 쌍생아 연구다. 유전자가 완전히 동일한 일란성 쌍생아를 대상으로 한 외로움 연구에서 유전적 경향이 48퍼센트에 이른다는 보고가 있었다.

외로움에 대한 유전적 영향이 반이라는 것이다. 타고나기를 외로움을 잘 타게 태어난 사람은 같은 환경에서도 더 많이 외로움을 느낀다.

외로움을 많이 타는 남성이 있었다. 그는 어렸을 적 외로운 환경에 원인이 있다고 생각해 자신의 아들은 따뜻한 환경에서 키우려고 노력했다. 그런데 어느 날 고2가 된 아들이 너무 외롭다고 말했다고 한다. 친구도 많고 쾌활한 성격인 아들이 외롭다니 얼마나 당황했겠는가.

그런데 외로움을 많이 느낀다는 것은 그만큼 그에게 사회적 유대감에 대한 욕구가 많다는 의미다. 정도의 차이만 있을 뿐 외로움은 모든 인간의 기본적 감성이다. 현대 사회의 깊어가는 고독은 역설적으로 타인과의 따뜻한 교감과 사랑에 대한 욕구가 더 커졌음을 시사한다.

사회적 유대감의 결핍이 고독이고 외로움이다. 자신을 사랑받을 만한 존재로, 경쟁력 있는 존재로 가꾸는 데 너무 많은 에너지를 쓰다 보니 누군가를 사랑할 감성 에너지조차 소진해 버리는 것이 우리의 현실이다.

현재의 스마트기기는 단순한 정보통신 장비가 아니다. 실시간으로 내 마음과 다른 사람의 마음을 연결해 주기에 사회적 유대감을 형성하고자 하는 우리 본능에 만족감을 주는 도구다. 따라서 SNS는 군중 속의 고독을 느끼는 현대 사회에서 더 진가를 발휘할 수밖에 없다.

먹방이 유행인 것은 뇌가 쾌감을 느끼는 식욕의 욕구를 채워 주기 때문이다. 욕망의 충족은 쾌감을 주기에 행동을 강화시킨다. 스마트폰이 없으면 불안하다는 사람이 많다. 금단 증상이다. 금단 증상이 있다는 것은 중독되었다는 것이고, 그만큼 스마트폰이 우리 뇌에 쾌감을 준다는 이야기다.

디지털 세상이 잘못되었다고 할 수는 없다. 그러나 빠르게 돌아가는 세상에서 더 많은 사람과 효율적으로 사회적 유대감을 형성하기 위해 개발한 스마트폰이 실제 사람과의 따뜻한 만남을 방해하고 있다면 그것은 문제일 수 있다. 그렇다면 외로움을 어떻게 채워야 할까?

외로움에 갇히지 말고 먼저 손 내밀기

보통 사람들은 외로움이나 우울 같은 감정 반응이 찾아오면 그것을 날려 버리는 데 집중해 대개 '기분 전환'이라는 심리기법을 사용한다. 기분 전환이라는 말은 가볍게 보이지만 사실은 강력한 조정 기법이다. 뇌의 에너지를 상당히 태우면서 억지로 감정 변화를 시도하는 마음 관리법이기 때문이다.

그런데 기분 전환을 왜 이렇게 자주 쓰게 된 것일까? 그건 외로움이나 우울 같은 감정 신호를 결핍에 의한 부정적인 감정으로 생각하기 때문일 것이다.

'외로우면 내 인생은 불행한 것'이라고 뇌가 해석해 버리니 에너지를 태워서라도 억지로 긍정적인 감정을 만들려 하는 것이다. 그러나 기분 전환을 너무 자주 사용하면 뇌가 오히려 지친다.

사랑 때문에 우울하다고 억지로 기분을 띄우는 기분 전환을 하려 하기보다 우울한 사랑 노래를 들을 때 역설적인 긍정성이 올라오는 경험을 한 적이 있을 것이다. 이런 현상을 '공통된 인간성common humanity'이라고 설명하는데, 쉽게 말하면 '인생 다 비슷해'란 뜻이다.

'내 사랑은 왜 이렇게 우울하지? 나만 실패한 건가' 하는 느낌에 빠졌을 때, 슬픈 사랑 노래를 듣다 보면 '아, 나만 사랑이 힘든 게 아니구나' 하고 한 발짝 떨어져서 내 삶을 볼 수 있는 여유가 생기는 것이다. 이러한 여유는 힘든 상황에서도 다시 웃을 수 있는 긍정성을 가져온다.

이렇게 내 사랑이 부족해 힘든 것이 아니라 사랑은 원래 힘든 거라는 철학적 성숙이 마음에 찾아오는 것이다. 어찌 보면 사랑은 그 맛에 하는 것이라는 강력한 긍정성마저 생길지 모른다.

외로움에 대한 연구 결과에 따르면, 내 외로움을 채우기 위해 다른 사람의 관심을 찾는 것보다 오히려 내 따뜻한 마음을 표현할 때 외로움이 행복감으로 바뀐다고 한다. 영어로 '헬퍼스 하이helper's high'라고 표현하는데, helper는 봉사자, high는 마약 같은 중추신경 흥분제를 복용했을 때 느끼는 짜릿함을 뜻한다.

"나 외로우니 더 사랑해 줘" 하기보다는 대단한 자원봉사는 아니더라도 남을 배려하고 위할 때 외로움이 쾌감으로 전환된다고 한다. 배려의 쾌감이라 할 수 있을 것이다. 윤리적인 차원에서 남을 배려하자는 것이 아니다. 뇌과학 측면에서 남을 배려할 때 심리적 쾌감이 크다고 하니, 이 얼마나 역설적인가. 외로움이 큰 사람일수록 그 쾌감도 커진다고 한다.

내 외로움에 갇혀 나를 외롭게 하는 주변에 섭섭한 마음만 가지면 외로움은 더 깊어지기만 할 뿐이다. 벽을 부수고 외부 세계에 내 따뜻한 마음을 나누어줄 때 외로움은 따뜻한 감성 에너지로 전환된다.

타인에 대한 배려는 도덕적, 윤리적 요구이기도 하지만, 우리 뇌 안에 내재해 있는 외로움이 만들어내는 행동이기도 한 것이다.

매일
조금씩
나를
더
사랑하는
연습

일주일에 한 번 친구와 힐링 수다

심장내과 교수와 함께 방송에 출연한 적이 있는데, 그는 관상
동맥질환 예방책의 하나로 수다를 소개했다. 심장으로 에너지
를 공급하는 혈관이 막혀 급사할 수 있는 무서운 병에 수다가
도움이 된다니 흥미로웠다.

하지만 생각해 보면 일리가 있다. 혈관 건강과 마음 건강은 형
제 사이다. 과도한 스트레스로 마음이 지치게 되면 혈관도 망
가진다는 것은 연구로 입증된 사실이다.

그렇다면 수다는 어떻게 마음 건강에 도움이 될까? 쉬워 보이는 수다지만 의외로 용기가 필요하다. 수다 내용엔 자기 자랑만 있는 것이 아니다. 속상한 내 삶의 이야기가 더 많을 때도 있다.

그래서 수다엔 내 약점과 고민을 솔직히 털어놓을 수 있는 심리학적 용기가 필요하다. 그렇게 용기 있게 내 삶의 어려움을 꺼내 놓아야 다른 사람의 위로와 공감을 제대로 받을 수 있고, 지친 마음도 힘을 얻게 된다.

수다와 눈물이 어색하다는 것은 내 마음을 열어 표현하는 데 익숙지 않다는 것이다. 누군가와 공감 소통을 하기 위해서는 억지 힘을 풀어야 한다. 우리는 억지로 완벽함을 유지하려는 사람에게서 불통의 이미지를 느낀다.

내 약점을 인정하는 용기를 가지고 마음을 열어 소통할 때 상대와 공감이 일어나고, 인간관계도 감성적으로 더 풍성해진다.

왜 다른 사람에게 인정받고 싶은 걸까요?

대화와 질문의 주된 목적이 정보를 얻는 것일 때도 있지만, 대부분은 조언과 더불어 공감이나 정서적 지지를 받고 싶은 욕구도 함께 존재한다. 때론 대화의 목적이 정확한 정보나 판단보다는 공감이나 정서적 지지에 치중되는 경우도 있다. 예를 들면 30대 아내가 "날씨도 춥고 나이도 들어가니 내 피부 많이 상했지?"라고 남편에게 묻는 경우다.

이때 아내가 듣고 싶은 답은 이미 정해져 있다. 이른바 '답정너' 심리다. 답정너는 '답은 정해져 있어, 너는 말만 해'의 줄임말이다. 듣는 사람의 입장에서 보면 말하는 이가 원하는 답을 잘 파악하고 답을 해야 상대에게 만족감을 선사할 수 있다.

위 질문의 정답은 "아니야, 여전히 예뻐"다. "정말이야?"라고 아내가 되물었을 때 "정말이지. 좋은 피부 계속 유지되게 피부 관리 잘 받아요"까지 하면 완벽한 답정너 완성이다. 정확히 판단해 준다고 "우리 마누라 젊을 때 피부 정말 좋았는데"라고 말하면 야단만 맞을 것이다.

답정너의 심리

왜 우리는 속마음을 다른 사람과 나누고 싶어 할까? 정서적 공감을 받고 싶어서다. 왜 공감을 받고 싶은 것일까? 누군가에게 공감받을 때 내가 소중하다는 느낌이 차오르기 때문이다.

사람이 느끼는 가장 큰 외로움은 내가 누구인지, 내가 어떤 가치를 가졌는지에 대한 정체성이 희박해질 때 찾아온다.

정체성은 타인과의 관계 속에서 만들어진다. 그래서 나를 공감해 주는 관계가 없다면 자존감이 떨어지기 쉽고 외로움도 찾아온다. 극단적으로는 삶을 마감하려는 행동으로까지 이어질 수 있다.

전화 상담을 통해 자살을 예방하는 '생명의 전화'를 들어보았을 것이다. 무슨 효과가 있을까 싶겠지만 극단적인 상황에서 마지막으로 나누는 공감의 전화 한 통은 다시 사는 쪽으로 마음을 돌리게 하는 힘을 갖고 있다. 1분의 공감 대화가 나 자신의 가치를 올릴 수 있는 것이다. 그래서 대화를 할 때 답정너의 심리가 내 마음에 있는 것은 당연하다.

행복감에 대한 연구 결과에 따르면 행복감을 유지시키는 첫 번째로 중요한 요소 중 하나가 '속마음을 터놓고 이야기할 수 있는 친구가 존재하는가'라고 한다. 여기서 핵심은 '속마음을 터놓고 이야기하다'가 아니라 '그럴 만한 친구가 있느냐'다. 속마음을 털어놓는 것이 좋은지, 아닌지 고민하는 사연이 많은데, 정답은 털어놓느냐 아니냐가 아니라 그럴 친구가 존재하느냐가 아닌가 싶다.

흔히 일 열심히 하는 직원보다 상사에게 듣기 좋은 말 하는 직원이 더 사랑받는 경우를 볼 수 있다. 객관적으로는 균형이 깨진 행동이지만, 사람의 마음은 지극히 주관적이기에 내가 원하는 말만 하는 사람에게 일단 끌리게 돼 있다. 내가 근사하게 느껴지기 때문이다. 그것을 이기고 객관성을 유지하려면 상당한 노력이 필요하기에 균형 잡힌 리더십이 어려운 것이다.

그러한 리더십을 갖추지 못하면 결국 본인도 상당한 피해를 입을 수 있는데, 대표적인 것이 가장 믿었던 부하 직원에게 배신당하는 것이다. 자신의 마음을 맞춰 주어 모든 것을 믿고 자신의 권한을 아랫사람에게 위임했는데, 뒤통수를 맞았다며 속상해하는 사람들을 주변에서 종종 만나게 된다.

이를 달리 표현하면 자신에게 잘 공감해 주던 부하 직원이 분노라는 공격 행동을 한 것이다. 여러 경우가 있겠지만 그만큼 공감이라는 것이 에너지가 많이 소모되는 어려운 심리 반응이기 때문에 그런 행동이 나온 것이라고 생각해 볼 수 있다.

상사는 잘 공감해 주는 부하 직원이 좋다. 그래서 칭찬이나 임금 인상, 승진 등 나름의 심리적 · 경제적 보상을 해준다. 그런데 사람은 다 자기 자신이 제일 소중하기에 계산을 하다 보면 서로의 입장에 따라 차이가 날 때가 있다.

상사는 충분히 보상해 주었다고 생각하는데, 부하 직원 입장에선 자신이 쓰는 감정적인 에너지에 비해 부족하다 느낄 수 있는 것이다. 사람은 내가 상대에게 마음을 준 만큼 돌려받지 못하면 섭섭함이 생기고 이것이 울화로 쌓이게 된다. 그 울화가 행동화된 것이 바로 분노 공격 반응인 것이다.

그래서 어떤 관계든 서로 공감을 잘하는 관계를 지속적으로 유지하기 위해서는 감정 에너지의 균형이 중요하다. 감정 에너지의 균형이 맞는 관계에서는 '내가 좀 더 희생하고 더 주겠다'고 서로 생각하는 경우가 많다.

내 생각보다 상대에게 더 마음을 주어야 그 사람의 요구를 충족시킬 수 있다. '네가 공감해 주는 건 당연한 도리다' 또는 '이 정도면 충분하겠지?'라고 생각하면 에너지 균형이 깨지고, 상대가 결핍을 느끼게 된다.

따뜻한 공감 관계를 잘 유지하기 위해서는 좋은 사람과 충분히 마음을 주고받아야 한다. 그래서 어려운 것이다. 내 마음을 터놓을 한 사람을 만나기 위해서는 나도 그 사람의 마음을 들어줄 준비가 돼 있어야 한다.

일방적으로 내가 원할 때만 공감해 달라는 식으로 접근하면 길게 공감 관계를 유지하지 못한다. 약간은 손해 보듯, 마음을 더 주려는 괜찮은 사람들끼리 만날 때 짙은 공감 관계를 오래 유지할 수 있다.

주는 만큼 돌려주는 사람을 만나세요

최근의 행복과학 연구 내용 중 '행복하기 위해 사는 것이 아니라 행복하기 때문에 생존했다'는 주장이 흥미롭다. 행복이 목적이 아니라 삶의 에너지였기에 인류가 오랜 세월 생존할 수 있었다는 것이다. 그러면 우리는 무엇을 할 때 행복한가? 단순화하면, '좋은 사람과 맛있는 것 먹을 때 행복하다'고 한다.

최근 〈리틀 포레스트〉라는 영화를 보고 행복했다. 심심할 듯해 기대 없이 보았는데 반전이었다. 잔잔한 시골 풍경 안에 세 친구가 나누는 우정과 직접 키운 재료로 만드는 맛있는 음식들이 가득 차 있었다. 행복과학 입장에서 보면 심심한 영화가 아니라 자극적인 영화였던 셈이다.

맛있는 것을 먹는다는 것은 신체적 건강을 상징한다고 볼 수 있다. 또 좋은 사람을 만난다는 것은 사회적 기능이 잘 작동하고 있다는 증거다. 몸이 건강하고 사회에 잘 적응하면 생존할 수 있다. 음식과 사람을 만날 때 찾아오는 쾌감이 우리의 생존을 도왔다는 주장에 일리가 있는 것이다.

행복에 대한 연구에 따르면 생존에 필요한 수준, 즉 먹고살 만한 정도까지는 수입의 증가에 따라 행복도 함께 증가한다. 그런데 먹고살 만해진 이후에는 돈과 행복의 연관성이 뚜렷하지 않은 것으로 알려져 있다.

왜 그럴까? 자족self-sufficiency이 증가하기 때문이라는 연구 결과가 있다. 돈이 많으면 남에게 도움을 청하고 싶은 마음도, 남을 도와줄 마음도 줄어드는 경향이 있고, 그러다 보니 행복의 원천인 사람과 멀어지게 된다는 것이다.

친밀에 대한 욕구 vs 자유에 대한 욕구

실제 고민 상담 내용도 관계 갈등에 대한 것이 가장 많다. 나와 상대방 중 누구의 문제인지 고민하게 되는데, 양쪽에 아무 문제가 없어도 관계가 가까워지면 갈등이 생기게 마련이다. 사람과 가까워지고 싶다는 친밀에 대한 욕구 바로 옆에 자유에 대한 욕구도 함께 존재하기 때문이다.

서로 다른 두 사람이 가까워지면 관계 유지를 위해 조금씩 자신의 자유를 희생해야 한다. 혼자 밥을 먹을 땐 메뉴 선택의 자유가 있지만, 친구랑 함께 먹으면 내가 먹고 싶지 않은 것을 먹어야 하는 경우도 생긴다. 그것이 싫고 짜증 나니 돈 많이 벌어 좋은 서비스 받고 자족하려는 것인지도 모르겠다. 대중과 차단된 왕궁 같은 거대 저택에서 살던 팝스타들이 마약, 우울로 삶을 마감했다는 기사를 종종 접하게 되는데, 이것이 바로 자족의 어두운 면은 아닐까.

돈 많으면 부러운 마음은 들지만 그것만으로 애정과 존경의 마음이 생기지는 않는다. '갑질'이라는 것도 사회·경제적 지위가 곧 존경받을 나의 가치라고 여기는 속물적 착각에서 나오는 것은 아닌지 모르겠다. '내가 이렇게 훌륭한데 네가 나를 진심으로 존경하지 않아?'라며 '을'인 약자들에게 폭력적인 언행을 퍼붓고 사랑과 존경을 강요하는 것이다.

돈과 권력이 두려움을 줄 수 있을진 모르나, 진짜 애정과 존경은 상대를 가치 있게 먼저 존중하는 사람만이 받을 수 있다. '손님이 왕'이라는 말, 최선의 서비스를 제공하자는 의미이겠지만 거부감이 든다. 손님도, 서비스 제공자도 모두 소중한 인간이다. 손님의 갑질에 마음 상한 서비스 제공자들의 사연이 넘치는 걸 보면, 서로 역할을 바꿔 가며 상처를 주고 있는 듯하다.

혹시 당신이 공감 뱀파이어?

행복의 원천이 사람이기에, 무조건 나를 지지해 주는 친구를 가지고 있다면 행복할 수 있는 엄청난 에너지원을 가지고 있는 것이다. 실제로 '마음을 터놓을 수 있는 친구가 몇 명인가'가 생존이 확보된 후에 행복을 유지하는 첫째 요소라고 한다.

마음을 터놓을 수 있는 친구라, 쉬운 행복의 조건인 듯싶지만 인생을 살다 보면 중요한 순간에 그런 친구가 없을 때가 더 많다. 오랜 친구가 좋긴 하지만, 관계가 오래된 만큼 삶과 인맥이 이렇게 저렇게 복잡하게 연결돼 있어 속내를 터놓기 어려운 경우가 많다.

부부 관계가 대표적이라 할 수 있다. 나쁜 의도는 아니지만 상대방 마음을 편하게 해주기 위해 하얀 거짓말을 하는 경우가 얼마나 많은가.

술 좋아하는 남편은 매일 약속한다. 술 안 먹고 회식한다고. 아내가 회식을 마치고 집에 온 남편에게 술 냄새 난다고 말하면, 남편은 "한 잔 먹었어" 하고 하얀 거짓말을 한다. 한 잔 먹는 회식이 가능하겠는가. '부부 사이에 비밀은 없어야 한다'고 굳게 믿고 살지만 살다 보면 하얀 거짓말이 가득 쌓이는 슬픈 사이가 부부 사이다.

앞에서 이야기한 것처럼 친밀하면서도 자유로운 관계는 쉽지 않다. 그래서 부부 관계도 어려운 것이다. 무조건 지지해 준다는 것은 친밀과 자유를 모두 제공한다는 것이다. 있는 그대로의 나에게 가까이 다가와 주는 사람에게 우리는 위로받을 수밖에 없다.

문제는 친밀함과 자유를 모두 제공하는 상대방은 엄청나게 에너지 소모를 하고 있다는 것이다. '친구들이 너무 자기 고민을 쉴 새 없이 털어놔서 힘들어요'란 사연이 꽤 많다. 공감 유전자 많은 분의 고충이다. 앞서 말했듯 공감 유전자가 많은 분은 잘 주기도 하지만 잘 지치기 때문에 자기만큼 잘 주는 능력을 가진 '공감인'과 친구해야 한다.

그런데 그들 주변에는 받는 데 익숙한 사람들이 몰리는 경우가 흔하다. 의존적인 성격의 소유자들은 귀신처럼 공감 피가 뜨거운 사람을 잘 찾아낸다. 그리고 빨대를 꽂아 쭉쭉 에너지를 섭취한다. 공감 능력자들은 대체로 주는 것을 좋아한다. 타고나기를 줄 때 행복감을 느끼는 경향이 크기 때문이다. 그래서 처음에는 시너지가 있다. 받아서 만족하고 주어서 행복하다.

그러나 일방적으로 에너지가 흐르게 되면 한쪽은 중독이 되고 한쪽은 고갈돼 버린다. 받는 쪽은 더 달라고 하고, 주는 쪽은 이젠 지쳐서 '널 피하고 싶다'고 생각하게 된다. 그래서 힘들다고 이야기하면 받는 쪽은 금단 증상으로 섭섭해 분노를 표현하게 된다.

주는 쪽 또한 지금까지 희생적으로 주었던 애정이 물거품이 된 것에 허무함을 느끼고 관계 자체에 대해 두려움을 가지게 된다. 공감 유전자를 갖고 태어난 사람은 사람이 소중하기에 사람 때문에 힘들다. 하지만 힘들다고 관계를 끝내면 그것이 더 큰 아픔으로 다가온다.

서로 섭섭한 관계가 아닌 미안한 관계가 좋은 관계라 생각한다. 섭섭함은 내가 준 것이 받은 것보다 많다고 느낄 때 찾아오는 감정이다. 미안함은 준 것보다 받은 것이 더 많을 때 느끼는 것이다.

이론적으로 최상의 관계는 5대 5로 정확히 따뜻한 공감 에너지를 주고받는 것이겠지만 이는 거의 불가능하다. 그렇다면 6대 4, 때론 4대 6 정도로 서로가 조금씩 돌아가며 섭섭함과 미안함을 느끼지만, 전체적으로는 밸런스를 유지하는 관계가 아닐까.

처음부터 주고받는 에너지의 밸런스가 맞으면 금상첨화겠지만 쉽지 않다. 그래서 친해져 가면서 조정하는 것이 필요하다. 잘 주는 쪽은 받는 연습을 해야 한다. 줄 것이 보이는데 안 주는 것도 쉬운 일은 아니다. 그런데 공감 능력이 좋아 더 많이 쏟아붓게 되면 상대방은 더 의존적이 될 수밖에 없다. 다르게 표현하면 일방적으로 주는 것이 상대방의 주는 기쁨을 빼앗는 일이 될 수도 있다는 것이다.

무조건 나를 지지해 주는 친구 관계를 잘 유지하기 위해선 공감 '케미'가 기본적으로 좀 맞는 친구를 찾아야 하고, 관계를 맺은 이후에도 주고받는 것을 잘 조정해 서로를 고갈시키지 않고 공감 채널에 에너지가 잘 오가도록 하는 것이 필요하다.

그리고 한 친구에게 의존하기보다는 친구가 여러 명인 것이 좋다. 각자 다른 일로 고갈되었을 때는, 위로를 주고받을 수 없기 때문이다. 번아웃된 상태에서 위로를 원하면, 서로가 서운함을 느낄 수밖에 없다. 그럴 때는 조금은 에너지가 더 풍성한 다른 친구에게 위로받는 것이 현명하다.

그리고 어떤 친구에게 위로받았다면 그 사람에게 그만큼의 '위로 빚'이 생긴 것이므로 기회가 될 때 위로로 갚아야 한다. 신용도가 올라가야 대출을 많이 받을 수 있는 것처럼 공감을 주고받는 데도 마음의 신용도가 중요하다. 너무 주기만 하는 사람, 너무 받기만 하는 사람은 공감불량자가 되기 쉽다.

거절은 거부가 아니라 대화입니다

거절하지 못해 고민인 분들의 사연을 자주 접하게 된다. 이른 바 '예스맨'들이다. 주변에서는 만나면 기분 좋고 친절한 사람으로 통하지만, 정작 본인은 자기 할 일이 아닌 일까지 떠안고 끙끙대는 일이 다반사다. 거절하려고 시도해 보지만 차마 입이 잘 떨어지지 않는다.

우리는 어렸을 때부터 인간관계의 중요성에 대해 교육을 받는다. 어렸을 때 가장 중요한 인간관계는 부모와의 관계다. 부모님 말씀을 잘 들으면 관계가 좋아지고 착한 아이라는 칭찬도 받을 수 있다. 칭찬받는 것은 기분 좋은 일이기에 칭찬을 받기 위해 상대가 무엇을 원하는지에 대해 점점 민감하게 반응하게 된다. 이후 학교에 들어가서도 선생님이 원하는 것을 빨리 알아채면 그만큼 모범생이라는 이야기를 들으며 기분 좋게 지낼 수 있다.

친구와의 관계도 마찬가지다. 친구의 요구를 잘 읽어 반응해 주고 상대가 싫어하는 말을 하지 않으면 주변에 친구가 많아지게 된다. 내 마음보다 상대방의 요구에 잘 반응해 주는 것에는 상당한 심리적 보상이 따른다. 착한 아이, 모범생, 좋은 친구란 이야기를 들을 수 있다. 내가 괜찮은 사람으로 주변에 인식되는 쾌감이다.

그렇지만 너무 상대방의 의견에만 맞추며 살다 보면 정작 중요한 내가 원하는 것이 무엇인지를 이해하고 표현하는 데 어색해지게 된다. 거절을 잘 못 하는 사람이 되는 것이다.

거절은 '거부'가 아니라 나를 알리는 '소통'

거절은 단순히 상대방에게 부정적인 의견을 전달하는 소통이 아니다. 내가 어떤 사람인지를 상대방에게 잘 보여 주는 과정이다.

나를 상대방에게 잘 보여 주기 위해서는 내가 어떤 사람인지를 잘 알아야 한다. 그런데 좋은 사람이란 평가에 빠져 예스맨으로만 살다 보면 내가 누구인지 알 기회를 놓치게 된다. 거절 없이 예스맨으로 산다는 것은 나보다 상대방 마음에 더 관심이 가 있는 상태이기 때문이다.

좋은 관계가 행복과 성공을 가져온다고 하지만, 거절하지 않고 상대방에게 다 맞추어 주는 것이 좋은 관계는 아닐 것이다. 예스맨으로 살다 보면 주변의 인식은 좋을지 몰라도 점점 마음이 답답해지고 불편해진다. 주변에 친구가 많아도 고독감이 찾아올 수 있다.

단 한 명이라도 마음을 터놓을 수 있는 사람이 있을 때 사람의 행복이 길게 유지된다고 한다. 관계의 양보다 질이 중요하단 이야기다. 모두에게 다 사랑받고 싶은 욕구에서 벗어날 수 있는 용기가 있어야 더 소중한 인간관계를 만들 수 있다.

거절을 힘들어하는 사람이라면, 먼저 거절에 대한 잘못된 인식을 바꾸는 것이 필요하다. 거절은 상대방에게 "No"라고 이야기하는 과정이 아니라 내가 누구인지 살펴보고 상대방에

게 나를 알리는 소통이다. 소통하는 가운데 서로에 대한 이해
가 깊어지면 관계 또한 성숙하게 된다.

거절도 연습이 필요하다. 거절을 잘하지 못하는 사람일수
록 훈련이 되어 있지 않아 갑자기 "No"를 외치는 경우가 많다.
그래서 적절한 이유와 대안을 제시하거나 관심이나 협조의 마
음을 보여 주면서 세련되게 거절하는 연습이 필요하다.

그렇게 거절했는데도 상대가 잘 받아주지 않고 삐친다면,
그 사람이 별로인 것이다. 최소한 가까이 둘 이유는 없는 사람
인 셈이다.

아무리 좋은 말도 반복되면 잔소리일 뿐

불통의 이미지를 원하는 사람은 없다. 소통의 리더십은 나날이 강조되고, 조직의 리더들은 스스로 소통에 앞장서겠다고 다짐한다. 하지만 정작 구성원들은 소통에 대한 갈증이 더 커져만 가는 듯하다.

소통은 의학계에서도 매우 중요한 주제다. 환자는 약으로만 치료되지 않는다. 소통을 통해 환자의 안 좋은 생활 습관을 바로잡을 수 있어야 정말 명의라 할 수 있는데, 통계를 보면 의사-환자 관계도 불통 상태다. 대표적인 생활 습관 문제인 비만의 경우만 해도 고도 비만은 12년간 1.7배, 초고도 비만은 2.9배나 증가하였다.

의사가 환자에게 "더 많이 먹고 조금 움직이세요"라고 이야기하진 않았을 것이다. 분명 환자를 생각해 최선의 조언을 했을 텐데 행동 변화로 이어지지 않은 것이다. 여기에 소통의 어려움이 있다. 내가 상대방을 생각해 아무리 좋은 이야기를 한들, 그것이 곧 소통으로 이어지지 않는다.

소통은 내용 이전에 느낌이다. '막히지 아니하고 잘 통함'이란 사전적 의미처럼 저 사람의 마음과 내 마음 사이에 장애물이 없다는 느낌이 소통이다. 장애물이 없는 두 마음 사이에 다양한 내용이 오고 가는 것은 어려운 일이 아니다. 하지만 장애물이 있다면 계속 내용을 바꾸어 보낸들 소통은 일어나지 않는다.

왜 소통이 잘 안 되는 걸까요

소통 전략 중 강력한 의지로 상대방을 설득하는 것을 '직면적 소통'이라 한다. 내 주장을 강하게 말해 상대방의 생각이나 행동에 영향을 주는 대화법이다.

예를 들면 "당신, 계속 담배 피우면 폐 다 망가지고 일찍 죽어"라고 강하게 이야기하는 것이 직면적 소통이다. 얼핏 효과가 좋을 것 같지만, 연구 결과 오히려 그러한 경고를 들으면 담배를 더 피우게 된다고 하니 당황스럽기만 하다.

남편들이 제일 술이 당기는 때가 아내가 술 먹지 말라고 할 때라는 걸 보면, 우리 뇌 안에는 논리와 상관없이 작동되는 청개구리 같은 장애물이 있는 것이 분명하다.

인기 아이돌 그룹의 〈1절만 하시죠〉란 노래를 들어보면 "날 내버려둬요 나만의 세상이 있어"라는 가사가 나온다.

나는 너와 다르니 잔소리 좀 그만하란 내용이다. 사람은 누구나 자기 사랑에 대한 욕구가 크기 때문에 아무리 옳은 내용이라도 상대가 강하게 밀어붙이면, 일단 저항감이 본능적으로 일어난다.

'나는 너와 다르다'는 정상적인 욕구이긴 하나 과도하게 작동하면 소통에 장애를 일으킨다. 이 욕구가 강해지면 지나친 자기 사랑에 빠져버린다. 그런 상태에서는 제대로 소통이 일어나지 않는다.

감성의 에너지 흐름이 모두 자신을 향하기에, 남의 마음은 알 길이 없고 자기를 완벽하게 포장하는 데 급급하게 된다. 이런 경우 소통도 자기 포장의 재료로만 사용하게 된다. 과도한 자기애를 보이는 리더들이 소통에 미숙한 이유다.

'다'로 끝나는 말과 '까'로 끝나는 말

자신의 소통 스타일이 궁금하다면 내가 하는 말 중 '다'로 끝나는 말이 많은지 '까'로 끝나는 말이 많은지를 확인해 보는 것이 도움이 된다. '다'가 많다면 닫힌 소통을 주로 하고 있는 것이다.

상대방을 향한 내 이야기가 잔소리라는 저항의 벽을 넘기 원한다면 '다'가 아닌 '까'로 끝나는 문장을 써주는 것이 효과적이다. 닫힌 문장이 아닌 열린 질문으로 소통하라는 의미다.

예를 들어 "공부 열심히 해라"는 닫힌 문장이다. "공부 열심히 하니?"는 질문이긴 한데 닫힌 질문이다. '네, 아니오'로 답이 떨어지기 때문이다. "요즘 공부하는 거 어때?"가 열린 질문이다. 마찬가지로 "여보, 술 줄인다면서 어제 또 술을 먹은 거 아니에요?"는 닫힌 질문이다. "여보, 술을 잘 줄이지 못하는 이유가 무엇일까요?"가 열린 질문이다.

열린 질문은 일방적 지시가 아닌 상대방의 의견을 묻는 구

조이기에 저항이 적게 생긴다. 그래서 마음이 열리게 된다. 술을 줄이지 못하는 이유에 대해 남편은 "술을 끊으려 해도 스트레스를 받으니 쉽지 않아"라고 답하게 되고, 술 대신 스트레스 풀 방법을 찾는 것이 중요하다는 결론에 이르게 될 것이다.

이 결론은 대화를 통해 얻은 것이기에 내 생각이고 내 결정이다. 그래서 상대가 거부감 없이 받아들이게 된다.

자신이 평소 하는 말들을 실제로 적어 보면 대부분 닫힌 문장 소통을 훨씬 많이 하고 있음을 알게 될 것이다. 열린 질문 소통이 익숙하지 않은 것이다. 열린 질문에 익숙하지 않은 이유는 빨리 변화시키고픈 조급함과 불안감 때문이다. 그러나 긍정적인 변화를 위한 소통에는 인내와 기다림이 필요하다.

또 열린 질문은 반영적 경청과 짝을 이룰 때 효과가 더 커진다. '반영'은 상대방이 주는 이미지를 받아 되돌려주는 것을 이야기하는데 되돌려줄 때 내 속성이 살짝 첨가된다. 일반 경청이 수동적으로 상대방의 의견을 듣는 것이라면, 반영적 경청은 능동적인 감성 소통 방법이다.

"아들 공부했어, 안 했어? 공부 안 하면 나중에 후회하게 돼. 엄마 말이 틀린지 말 좀 해봐." 이것은 질문이지만 닫힌 질문이고, 강한 권유이기에 저항이 증폭된다. "아들아, 요즘 공부가 잘 안 되는 이유가 뭘까?" 이렇게 열린 질문을 하면 지시가 아닌 상대방의 마음을 묻는 것이기에 저항이 적게 생기고 속 이야기를 하게 된다.

아들의 이야기를 경청하고 거기에 내가 하고 싶은 이야기를 살짝 얹는 것이 반영적 경청이다. "공부는 열심히 하고 싶은데 집중이 잘 안 된다니, 스트레스가 많은가 보다. 하루에 10분씩이라도 산책해 보면 어떨까?"라고 이야기하는 것이다.

'산책'이라는 엄마의 권유가 들어가 있으나, 아들 입장에선 자신의 의견에 엄마의 의견이 살짝 보태져 돌아온 것이라 스스로 결정한 행동 변화라고 느낄 것이다. 그러다 보니 거부 반응이나 저항도 적게 생긴다.

나만의 뮤직 테라피 찾기

스트레스가 많고 마음이 지쳤을 때 음악을 통해 위로받고 새로운 힘을 얻는다는 이들이 많다. 우울장애, 불안장애, 만성 통증, 조현병 같은 마음의 고통을 가진 이들도 음악을 듣거나 연주하는 음악 치료를 추가하면 증상이 완화되고 사회적 기능이 향상된다고 한다. 음악에는 긍정적인 신체 변화를 직접적으로 일으킬 수 있는 힘이 있다는 것이다.

또 친사회적인 좋은 가사들은 긍정적인 사고, 공감, 이타적 행동 등을 증가시키는 것으로 연구돼 있다. 마음 전문가가 아무리 열심히 한다고 한들 모든 이를 만날 수는 없을 것이다. 그러나 좋은 노랫말은 순식간에 전 세계로 전파돼 긍정적인 영향을 미친다.

또 다른 음악의 힘은 개인의 경험을 연결시켜 주는 것이다. 나만 실연으로 힘든 줄 알았는데, 슬픈 사랑 노래를 수많은 사람과 함께 들으면 '우리'라는 느낌이 강하게 찾아온다. 이러한 사회적 결속감이 심리적인 불안정감을 호전시킨다는 연구 결과가 있다.

한동안 과거의 인기 가수들을 찾아내어 다시 무대에 오르게 하고, 그 곡들을 후배 가수들이 편곡해 부르는 음악 프로그램이 인기였다. 이제는 중년이 된 가수들을 보며 추억에도 잠기고, 예전 노래를 후배 가수들이 새롭게 편곡해 부르는 것을 들으면 과거와 현재가 묘하게 연결되는 느낌에 뭉클하기도 했다.

투자자 워런 버핏의 스트레스 관리법 중 하나가 우쿨렐레 연주라고 한다. 공연이든 방송이든 악기 연주든 나만의 음악 사랑법을 계발해 보면 어떨까.

사과에도 연습이 필요합니다

'네 탓이야' 때문에 속상하다고 하소연하는 사연이 적지 않다. "아이가 잘할 땐 자기 닮아서라고 하고, 아이가 실수할 때는 모두 제 탓이라고 하는 남편 때문에 너무 짜증납니다", "직장 상사가 본인이 지시해 놓고는 일이 잘못되니 그 책임을 저에게 돌려 울화병이 생겼어요" 등등.

약속 시간에 늦어서 "차가 막혀서 늦었어"라는 변명을 한 번도 안 해본 사람이 있을까? 하지만 돌아보면 실제 차도 막혔지만 출발 자체가 늦었던 경우도 적지 않을 것이다. 이렇듯 분명한 '내 탓'이 있음에도 다른 쪽으로 탓을 돌리는 것에 우리 마음은 익숙하다. 내 평판이나 가치를 지킬 수 있는 방어 수단이기 때문이다.

'내 탓'보단 그럴듯한 '남의 탓'을 빠르게 찾아내어 자신의 잘못을 합리화하는 프로그램이 우리 마음에는 존재한다. 달리 말하면 "내 탓이요"보다 "네 탓이다"가 더 본능적인 생존 반응인 것이다. 그래서 '내 탓이요'라고 진심 어린 사과를 하는 것이 쉽지 않다.

내 탓이라고 하기 위해서는 자기 잘못에 대한 합리화도 깨뜨려야 하고, 잘못을 인정했을 때 자신의 평판이 떨어지는 것에 대한 두려움도 견뎌야 한다. 본능적으로 남의 탓으로 돌리려는 마음에 브레이크를 거는 연습이 필요한 것이다. 그렇게 하지 않으면 남의 탓만 하면서 살 수 있다.

진심 어린 사과의 4단계

사과할 일이 생겼다면 우선 "미안하다"고 표현해야 한다. 다음으로는 그 문제가 "내 탓이다"라고 이야기하는 것이 중요하다.

"내가 잘못한 일이 있으면 사과할게"란 말은 사과가 아닌 공격이다. 내 잘못을 모르겠으니 상대방에게 내 잘못을 찾아보라는 이야기다. 이런 말로 사과를 시작하면 상대방 마음이 더 상하기 쉽고 타이밍도 놓치게 된다. 기왕 사과할 거라면 즉각적으로 "미안하다, 내 탓이다"라고 하는 것이 상대방 마음을 푸는 데 도움이 된다.

여기에 "다시는 이런 실수는 없을 거야"라고 재발 방지를 약속하면 사과가 더 진실해진다. "내 탓이다"라고 해놓고는 그 실수를 반복하면서 사과만 하는 사람을 신뢰하긴 어렵다. 이러한 약속은 내 마음도 다시 한번 다잡게 해 재발 방지에 도움이 된다. 그리고 실제 그 약속을 지켜 나가면, 잘못은 했어도 약속한 말을 지키는 사람이란 이미지가 만들어져 시간이 가면서 오히려 나에 대한 신뢰가 커질 수 있다.

마지막으로 재발 방지 약속과 함께, 이번 실수에 대한 구체적인 보상까지 약속하면 더 사과가 묵직해진다.

가벼운 예를 들어보자. 친구와 저녁 약속을 한 당일, 그 약속을 어기게 되었다면 우선 "미안해. 사정은 있었지만 결국은 내 잘못이지"라고 이야기한다. 그리고 "다음부터는 당일에 이런 일이 없도록 내가 약속 시간을 더 잘 챙겨 볼게. 최소한 일주일 전에는 이야기해 줄게"라고 재발 방지를 약속한다. 더불어 "오늘 약속을 어겼으니 다음 저녁은 내가 맛집에서 쏠게"라는 보상 약속으로 마감한다.

친구와 새로운 약속 날짜를 잡을 때는 오늘 약속을 어긴 것이 미안해서 급하게 "내일 어때?" 하고 말하기보다는 여러 개의 날짜를 주고 상대방이 선택하게 하면 좋다. 우리 마음은 선택의 자유로움이 증가할 때 상대방이 나를 아낀다고 느낀다.

"뭐 먹을지 물어봐 놓고는 항상 자기가 원하는 곳으로 가는 상사가 힘들다"는 직장인들의 불만 사연이 꽤 많다. 먹고 싶은 것을 못 먹는 것보다 선택의 자유를 상사가 독점하는 것이 힘든 것이다. 상사 입장에서도 손해다. 점심값을 내주고도 구성원들의 마음을 잃기 때문이다.

윗사람이나 친구에게 하는 사과보다 어려운 것이 자녀나 후배에게 하는 사과다. 내가 약한 모습을 보이면 무시하지 않을까 하는 불안 때문이다. 그러나 적절한 사과는 상대방이 자신의 가치를 존중해 준다는 느낌을 갖게 하기에 상대방의 자존감을 튼튼하게 해주고 관계도 더 돈독하게 한다.

다른 사람의 눈치를 너무 많이 봐요

눈치 없는 사람은 인기도 없다. 대충 이야기해도, 심지어는 아무 말 안 해도 표정과 행동만으로 내 마음을 알아차려 빠르고 정확한 맞춤형 관계 소통을 하는 상대방에게 호감이 가기 마련이다.

일일이 다 이야기해 주어야 이해하는 친구는 사실 피곤하다. 더 나아가 말해도 내 마음을 이해 못 하는 사람과는 우정이 생기기 어렵다. 그래서 남의 마음을 잘 알아채는 센스, 눈치가 있다는 것은 큰 능력이자 장점이다.

그런데 관계 소통에 있어서 윤활유 역할을 하는 눈치 때문에 힘들다는 고민 사연이 의외로 많다. 눈치가 없어서 고민이라는 사연보다는(눈치가 없으니 자기가 눈치가 없는지도 모를 가능성이 크다) 너무 눈치를 봐서 피곤하다는 내용이 더 많다.

눈치도 과유불급

눈치를 많이 보면 피곤할 수밖에 없다. 눈치는 에너지가 많이 소비되는 마음 활동이기 때문이다.

은유와 상징으로 가득 찬 예술 작품을 계속 감상하면 힘들다. 시각, 청각 등의 오감을 최대한 예민하게 한 상태에서 최대한 많은 감각 정보를 받아들인 다음 그 정보를 논리적으로 분석하는 동시에 감성적 이해도 해야 하기 때문이다. 뇌가 절전 상태에서 최고 기능 상태로 옮겨 가는 만큼 에너지 소비가 많이 일어나고 뇌에 피로 현상도 찾아오게 된다.

다른 사람의 눈치를 살피는 데에는 이러한 예술 작품을 감상하는 수준의 뇌 기능이 동원된다. 상대방의 표정, 행동, 대화의 톤과 내용 등을 매트릭스처럼 서로 교차 연결해 논리적·감성적으로 분석하는 과정이 눈치다.

평소와 다른 단어를 사용하는데, 어제는 '사랑'한다고 했는데 왜 오늘은 '러브'한다고 할까, 왜 오늘은 내 눈을 보지 못하고 허공을 보며 사랑한다고 할까, 오늘 만남이 재미있다고 하는데 웃음 2초 후 찾아오는 씁쓸한 표정은 뭐지 등등. 상당히 복잡한 뇌의 기능이기에 눈치란 활동은 멋진 종합예술인 동시에 무척이나 피곤한 활동이다.

훈련을 통해 눈치가 늘기도 하지만 타고나는 측면도 상당하다. 거기다 수많은 인간관계를 통해 데이터베이스가 쌓여야 실시간으로 이뤄지는 즉각적인 눈치 활동이 가능해진다. 경험을 통해 데이터베이스가 고도화된 가운데 나오는 정교한 눈치 보기는 직관이라 할 수 있다.

만난 지 몇 분 만에 '저 사람은 충성도가 떨어지는 것 같은데' 하는 느낌이 오는 것은 논리적 결정이 아닌 직관적 결정이다. 숱한 인간관계를 겪으며 얻게 된 사람의 오감에 대한 정보와 실제 그 사람과의 관계에서 느낀 감정이 매트릭스처럼 데이터베이스화 돼, 짧은 만남과 적은 정보로도 그 사람을 추측하게 되는 것이다.

직관은 틀리기 쉬워서 논리적 결정과 상호 보안돼야 한다. 그런데 이런 직관적 결정이 발달하게 된 원인이 역사적으로 생존하기 위해서는 빠른 결정이 더 중요했기 때문이라고 설명하는 이들도 있다. 숲으로 들어간 사슴이 숲의 모양을 보고 저 안에 맹수가 있는지를 즉각적으로 판단·추적해 들어갈지, 멈출지를 결정해야 했기 때문이라는 것이다. 책 보고 공부하며 논리적으로 결정할 상황이 아닌 경우가 많았던 것이다.

지금도 여전히 고도의 눈치, 직관은 중요하게 여겨진다. 한 기업의 성공을 가져온 중요한 결정들은 컨설팅을 통한 논리적 추론보다는 중요 결정권자의 직관적 결정에 의해 이루어진 예가 많다. 눈치, 직관은 우리 마음이 가진 예술 같은 훌륭한 기능이다.

그래서 눈치란 기능은 소중하게 써야 한다. 마구 쓰면 오작동을 해 정보의 질과 가치가 떨어지고 마음도 지치게 해 내 삶을 더 힘들게 만들 수 있다. '남의 눈치를 너무 봐 힘들다'는 것은 눈치의 양과 질에 모두 문제가 있음을 시사한다.

중요하지 않은 관계와 상황에서까지 눈치 기능을 예민하게 쓰다 보면 뇌가 피곤해지고 심하면 소진증후군이 찾아오게 된다. 그러면 삶의 의욕이 저하돼 사람 만나기도 싫어지고, 공감 에너지도 떨어져 소통 능력도 낮아진다. 인간관계에 도움이 돼야 할 눈치가 도리어 부정적인 영향을 미치게 될 수 있는 것이다.

또 오감에 대한 해석이 부정확해지는 해석 오류도 발생하게 된다. '저 남자가 왜 이렇게 무표정하지? 나에 대한 안 좋은 이야기를 들었나? 나를 싫어하나 봐, 이번에도 잘되긴 글렀군'이라고 해석했는데, 일이 너무 바빠 힘든 상황인데도 나를 만나고 싶은 마음에 달려온 것이 팩트일 수 있는 것이다.

피곤함과 좋아하는 사람을 만났을 때 느끼는 안락함이 합쳐져 다소 표정이 이완된 것을 나를 싫어한다고 해석 오류를 일으킨 경우다. 그렇게 판단해 퉁명스럽게 대하다 보면 어렵게 시간을 낸 남자도 기분이 나빠질 것이고, 잘될 수 있었던 관계를 망칠 수 있다.

없는데 있는 척 말고 경청하세요

눈치란 기능을 잘 사용하기 위해서는, 우선 내 마음 상태가 좋지 않을 때 눈치가 주는 직관적 정보에 따른 결정을 유보할 필요가 있다. 부정적인 정서 상태가 해석에 왜곡을 가져올 수 있기 때문이다. '오늘 내 육감, 센스가 틀릴 수 있어. 논리적 소통으로 팩트를 체크해 보자'라고 생각하는 여유가 필요하다.

눈치 기능이 좋지 않을 것 같은 날엔 실제 대화로 충분히 소통하는 것이 좋다. 나의 경우 "표정만 봐도 제 속마음을 아실 것 같아 두려워요"라는 말을 종종 듣는데, 아무래도 정신과 의사라는 직업의 특성상 눈치, 즉 직관적 데이터베이스가 발달하게 된다.

그렇지만 정신과 의사가 환자의 마음을 잘 알 수 있는 것은, 환자들이 진료실로 찾아와 자신의 마음을 활짝 열고 소통해 주기 때문이다. 가까운 가족, 친구에게도 하기 어려운 고민이 있다 보니 정신과 의사랑 이야기하고 싶은 것이기도 하다.

이렇듯 환자가 상세히 자신에 대해 이야기해 주니 정신과 의사들도 아는 것이다. 자신의 직관에만 의존해 당신은 이렇다 규정해 버리는 정신과 의사는 초보다. 마음을 편안하게 열게 해주고 잘 들어주는 의사가 프로다.

앞에서도 이야기했지만 눈치를 남발하면 안 된다. 기능의 저하가 일어나기 때문이다. 중요한 비즈니스 상황이나 소중한 인간관계에 선택적으로 집중해 사용해야 한다.

너무 남의 눈치를 본다는 것은 모든 관계와 상황을 다 중요시한다는 뜻일 수도 있다. 모든 사람에게 사랑받으면 좋겠지만 이는 불가능하다. 오죽하면 평생 진정한 친구 한 명만 만나도 행복할 수 있다고 하겠는가. 과도하게 눈치 보는 것을 막기 위해선 마음의 목표를 현실적으로 수정해야 한다.

눈치는 마음의 기능이라 손발 움직이듯 내가 스위치를 끄고 켤 수는 없다. 하지만 눈치가 주는 정보에 대해 관심을 갖고 몰입하는 것은 훈련을 통해 조정할 수 있다.

모든 정보에 관심을 주면 눈치는 신나서 불필요한 정보까지 쏟아낸다. '눈치야, 나를 위해 정보를 주는 것은 고마운데 이런 상황까지 신경 안 써도 돼'라고 좀 거리를 두면 눈치도 재미가 없어져 기능을 끄고 휴식에 들어간다. 그러면 더 중요한 순간에 최고의 실력을 발휘할 수 있게 된다.

그렇다면 반대로 타고나길 눈치가 없어 문제인 사람은 어떡해야 하나. 실제로 주변에서 "넌 왜 이렇게 눈치가 없니" 하는 핀잔을 들어 속상하다며 눈치 키우는 법을 알려 달라고 하는 분들도 적지 않다.

눈치 없다고 핀잔을 듣는 것은 눈치 없는 사람이 눈치 있는 척하다 문제가 생긴 것이다. 눈치가 없는데 있는 척하지 말고, 상대의 말을 경청하면 된다.

우리는 눈치 좀 있는 사람보다는 진지하게 내 이야기를 경청해 주는 사람에게 더 마음이 끌린다. 그리고 진지하게 경청하다 보면 타고난 눈치는 약해도 충분히 훌륭한 수준으로 직관 능력을 키울 수 있다. 자연스럽게 오감과 관계에 대한 데이터베이스가 실해지기 때문이다.

서로의 거리를 인정하기까지

"5월, 어버이날을 맞이하여 부모님께 감사의 마음을 전하려고 하는데 현금이 좋을까요, 선물이 좋을까요?"라고 라디오 상담 코너에 사연이 왔다. 부모님은 현금을 원하시는 것 같은데, 현금을 드리자니 예의가 아닌 것 같아 고민이라는 것이다. 대답은 간단했다. "현금으로 하세요."

사람들이 현금을 선호하는 데는 지갑이 두툼해졌다는 현실적인 이득 이면에 선택의 자유freedom of choice가 생겼다는 심리적 만족감이 함께 작용한다. 자유에 대한 갈망은 강렬한 것이기에 상대방이 나에게 선택의 자유를 줄 때 우리는 존중받는다고 느끼게 된다. 급하게 약속 날짜를 바꾸는 사람에게 짜증이 나는 것은 상대방이 내 자유를 침범해 나를 존중해 주지 않는다고 느끼기 때문이다.

공간이 있어야 자유가 숨 쉽니다

자유에 대한 사람의 갈망을 현금과 모임 약속 같은 소소한 예로 설명하긴 했으나 사실은 인류 역사의 굵직한 한 축이 자유를 향한 투쟁의 기록이라 해도 과언이 아니다. 자유에 대한 목마름에 자신의 목숨마저 던진 사례들은 역사서를 통해 수도 없이 마주치게 된다.

피 흘려 가며 얻은 자유를 망가트릴 수 있는 가장 강력한 적은 어디에 있을까. 아이러니하게 그것 또한 우리 마음에 있다. 이기심self-centeredness이다. 내가 더 사랑받고, 인정받고, 우월해지고 싶은 욕구다.

이기적인 사람은 모든 상황을 자기 입장에서만 판단하기에 상대방의 자유를 제한하기 쉽다. 이기적인 사람의 내면에는 '저 사람도 나와 똑같은 생각을 할 거야'라는 잘못된 가정이 들어 있는 경우가 많다. 내 생각만이 옳고, 다름을 인정하지 않는 것이다.

이러한 개인의 이기심이 모이면 집단의 이기심group-centeredness이 된다. 내가 속한 집단의 사상과 담론을 소중히 여기는 것은, 구성원 간의 강력한 친밀감을 원하는 자연스러운 욕구이나 지나치게 되면 타인의 자유를 훼손하게 된다. 과거 나치의 유태인 학살이나 최근 이슬람 무장 단체의 참혹한 테러 행위가 극단적인 예다.

개인과 조직, 그리고 세대 간에는 갈등이 있을 수밖에 없다. 저마다의 기준이 조금씩 다 다르기 때문이다. 갈등엔 순기능이 있다. 서로 간에 균형을 맞출 수도 있고 더 나은 상호 보완적인 기준을 만들 수도 있다. 그런데 이렇게 갈등이 순기능을 발휘하기 위해서는 나와 다른 사람의 기준을 소중하게 여기는 여유, 달리 표현하면 상대방의 '자유'를 인정하는 마음이 필요하다.

영국 케임브리지대 인류학 교수인 엘런 맥팔레인은 이에

대해 존중과 예의의 중요성을 말했다.

> 우정은 존중과 예의에 기초합니다. 그 존중과 예의는 밀접
> 함에 근거하지만 동시에 일정한 거리를 두어야 합니다. 이
> 때 거리 두기는 타인의 개별적 주체성, 이를테면 개별적 욕
> 구와 필요, 그리고 그 사람의 사회적 공간을 인정한다는 뜻
> 입니다. 어떤 사람이 자신의 목적을 위해 나의 시간과 공
> 간, 욕망을 강제로 침범한다면 그것은 육체적 학대 못지않
> 은 심각한 폭력입니다. 그만큼 개인을 둘러싸고 있는 사회
> 적 공간은 대단히 중요합니다.

서로의 공간을 인정한다는 것은 '우리'라는 이름으로 뭉친
다고 해도 각자 개성을 가진 상대방의 독립성, 자유도 동시에
보살펴야 한다는 이야기가 된다. 타인의 자유를 인정하는 것,
그렇게 어렵게 들리지 않지만 실제로는 쉬운 일이 아니다. 그
러지 못해 개인 간, 집단 간에 끊임없는 갈등이 생기는 것을 쉽
게 볼 수 있으니까.

사람은 모두 다르다. 모두 다르기에 갈등이 존재할 수밖
에 없다. 모두가 같은 생각을 갖는 것을 아름다운 통합이라 이
야기하는 사람에게 마음이 쏠리기는 하나, 그것은 현실성 없는
이야기다. 인간은 모두 다르기에 같은 생각을 가질 수 없다. 자
유를 기반으로 한 최대치의 통합은 상대방의 다름을 인정하고

소중히 여기는 것이다.

　타인의 자유와 다름을 인정하는 수준이 곧 개인과 집단의 심리적 성숙을 평가하는 중요한 척도가 아닐까 싶다. 타인의 표현의 자유를 존중하고 그 사람이 소중히 여기는 생각이 나와 매우 다르더라도 그것을 '틀림'이 아닌 '다름'으로 받아들이는 여유가 필요하다.

　이런 여유를 가진 사람들은 관계에 집착하는 사람들보다 인기도 많다. 그러다 보니 좋은 관계를 가지기 쉽고 덜 외로울 수 있다.

5장

내 마음을
마음대로
해보겠습니다

진짜 행복은
행복하다는 '감정'이 아니라
의미 있다는 '믿음'입니다.
의미가 있다고 감지해야
뇌가 행복을 느끼고 충전이 됩니다.
우리는 성취가 아닌
의미를 향해 달려야 합니다.

우울하다고 행복하지 않은 것은 아닙니다

연말이면 송년회다 뭐다 해서 회식 자리가 많아진다. "멋진 내년을 위해"라고 함께 외치며 술잔을 비우고 나면 잠시 기분이 좋아진다. 지난 한 해 힘들었던 순간도 잊을 수 있고, 내년에는 좋은 일이 생길 것 같은 기대감도 생긴다. 그런데 신나게 즐기고 집으로 돌아가는 길, 불쑥 우울감이 찾아온다. 이 우울감이 심해져 병원을 찾는 사람도 있다.

"기분도 꿀꿀한데 회식하며 기분 전환 좀 할까"라는 말에는 기분 전환이란 마음 관리 기술이 담겨 있다. 가벼운 느낌의 기분 전환이 사실은 뇌의 에너지를 써서 억지로라도 기분을 좋은 쪽으로 돌리려는 강력한 마음 조정법이기 때문이다. 송년회후 불쑥 찾아든 우울감, 허무감은 기분 전환을 하느라고 마음의 에너지를 지나치게 쓰다 보니 발생한 뇌의 피로 증상이다.

앞서 설명했듯 기분 전환이란 마음 조정법을 자주 사용하게 되는 것은 부정적인 감정을 잘 견디지 못하기 때문이다. '우울'의 반대말이 무엇인지 물으면, 많은 사람이 '행복'이라고 답한다. 즉, 우울하면 불행하다는 것이다.

행복은 감정 상태가 아니라 반응이다. 그럼에도 행복 여부를 감정 상태로 판단하기에 마음이 울적한 것을 잘 견디지 못하고 마음의 에너지를 써서라도 긍정적인 기분으로 전환시키려고 하는 것이다. 종종 기분 전환하는 것은 좋지만 부정적인 감정을 없애려고 지나치게 마음을 조정하다 보면 뇌가 피로해져 더 큰 우울감이 찾아올 수 있다.

메멘토 모리, 죽음을 생각해야 하는 이유

거듭 말하지만 행복의 판단 기준을 긍정적인 감정보다는 가치에 두는 것이 좋다. '오늘 내 감정이 우울하더라도 하루를 가치 있게 보냈다면 행복한 삶이다'라고 생각하는 것이다. 삶의 가치를 잘 느끼기 위해서는 심리적 겸손이 마음에 있어야 한다. 여기서 겸손은 타인을 향한 태도가 아니라 내 마음의 기준점이 낮아진 상태를 이야기한다.

17세기 유럽에서는 바니타스Vanitas 예술이 유행했다. 바니타스는 라틴어로 인생무상이란 뜻이다. 인생이 한시적이고 덧없다는 것을 예술로 표현한 것이다. 그래서 바니타스 미술 작품을 보면 대부분 집에 걸어 놓기가 망설여지는 것들이다.

죽음을 상징하는 해골이 그림의 주제인 경우가 많고 옆에는 한시성을 상징하는 모래시계가 자주 등장한다. 우리는 모두 시한부 인생이라는 것이다. 거울도 종종 등장하는데 인간의 허영을 그린 것이라 한다. 가뜩이나 사는 것도 빡빡한데 그림이라도 산뜻해야지 이런 칙칙한 그림을 왜 집에 갖다 놓을까 싶은데, 당시 부러울 것 없는 귀족들이 이 그림을 걸어 놓고 감상했다고 한다.

'항노화'란 말에는 죽음에 대한 공포가 스며들어 있다. 항노화는 거짓이고 회피다. 우리는 늙을 수밖에 없고 결국은 이 세상과 작별해야 한다. 누구도 예외일 수 없다. 그래서 12월은 우울한 감정이 주도하는 달이다. 올해를 멀리 떠나보내는 시간이기 때문이다.

그래서 하루쯤 죽음에 대해 생각해 보는 것을 권해 드린다. 사람들은 죽음에 대해 생각하고 이야기하는 것을 재수 없다며 꺼리지만, 가끔 죽음에 대해 생각하는 것은 심리적 유익이 크다.

죽음을 생각하면 마음의 기대치가 떨어지는 심리적 겸손이 찾아와 내가 이미 갖고 있는 소중한 것에 감사하게 되고 만족감도 증대된다. 우울한 죽음을 생각할 때 역설적으로 튼튼한 긍정적 감정이 찾아오는 것이다.

그러므로 '지금이 내 인생의 마지막이라면 하고 싶은 일 세 가지'를 적어 보기를 권한다. 죽음을 생각할 때 내 마음이 정말 원하는 가치가 떠오르기 때문이다. 그리고 그중에 하나라도 꼭 실천하기 바란다.

느낌보다는 삶의 내용이 행복을 만들어요

인생의 목표가 무엇인지 물으면 '행복'이라고 답하는 사람들이 많다. 그렇다면 행복이란 뭘까? 행복은 행복한 삶의 내용과 그것에 대한 주관적인 감정 반응으로 나누어진다. '행복을 빈다'라고 할 때 행복은 삶의 내용을 말한다. 행복한 일이 많기

를 바란다는 의미다. 반면에 '행복하다', '행복을 느낀다'라고
할 때 행복은 주관적인 감정 반응이다. 행복한 삶의 내용 때문
에 내 마음이 기쁨과 흐뭇함을 느끼는 것이다.

보통 행복하다고 하면 느낌을 이야기할 때가 많다. 내 기분
이 좋아서 행복하다고 느끼는 것이다. 우리는 행복한 일이 많
으면 기분도 행복해질 것으로 생각한다. 하지만 실제는 그렇지
않다.

나의 예를 들어보면, 매주 칼럼을 통해 독자들과 만나는 것
은 내 인생에 매우 소중한 행복 콘텐츠다. 그러나 항상 행복감
을 느끼는 것은 아니다. 마감에 쫓겨 원고를 쓰다 보면 스트레
스를 받고, 그럴 때는 행복감이 아니라 초조, 불안감이 찾아온
다. 그러면 그 순간, 칼럼을 쓰는 일이 내 삶에 있어 불행한 콘
텐츠가 된 것일까?

아니다. 행복한 삶을 살기 위해 중요한 것은 느낌보다 삶의
내용이다. 즉, 가치에 더 비중을 두어야 한다. 글을 통해 독자들
과 만나는 일이 가치 있는 행복 활동이라면 내 삶은 행복한 것
이다.

가치가 아닌 느낌에만 의존해 행복 여부를 판단하면 감정
이 목적이 되고, 행복 활동이 수단이 되어 버린다. 그런데 감정
이란 놈은 변덕이 심해서, 거기에만 따르면 내 행복지수도 들
쑥날쑥해질 수밖에 없다.

행복이 인생의 목표인 것도 나쁘지는 않다. 사장이 되겠다,

장관이 되겠다 하는 성취 위주의 목표보다 소박하고 진솔한 삶을 추구한다는 느낌도 든다. 그런데 사실 행복은 굉장히 높은 수준의 목표다.

보통 우리가 행복하고 싶다고 할 때는 행복감을 말한다. 행복이 인생의 목표라는 것은 행복감이 인생의 목표라는 것인데, 이 행복감을 계속 유지하기란 굉장히 어렵다. 그래서 실현하기가 무척 어려운 목표인 것이다.

행복감을 유지하기 어려운 이유 중 하나는 뇌가 감정에 적응하기 때문이다. 행복한 내용이 생기면 행복감이 찾아온다. 이 행복감은 시간이 갈수록 옅어지는데, 이를 적응이라 한다.

행복감이 인생의 목표가 되면 적응을 넘어 더 강한 자극을 쫓게 된다. 중독 현상이다. 소소한 자극에는 뇌가 행복감을 못 느끼게 되는 것이다. 그러므로 행복한 느낌을 좇기보다는 감정이 좋든 말든 가치 있는 행복 활동에 집중하는 것이 좋다. 그러다 보면 어느 순간 슬쩍 행복감이 찾아올 것이다.

행복감을 느끼기 위해서 어떤 활동을 하기보다 가치 있는 행복 활동을 실천하는 가운데 행복이 찾아오도록 하는 것이 더 좋은 전략이라 할 수 있다.

슬픈 영화나 슬픈 작품 주 1회 감상하기

즐겁고 재미있는 내용으로 마음을 조정하는 기분 전환만 주로
쓰다 보면 내 마음의 슬픈 콘텐츠를 바라보는 능력이 줄어들게
된다. 때로는 슬프고 우울한 마음 그대로 지켜봐 줄 때 역설적
으로 마음 충전이 일어난다.

훌륭하다는 평가를 받는 예술 작품을 보면 대체로 우울하다.
삶의 본질을 다루었기 때문이다. 우울할 때 기분 전환을 위해
신나는 핑크빛 공연과 전시회를 찾는 것도 좋겠지만, 일주일에

하루쯤은 우리 인생의 한계를 느끼게 하는 슬픈 영화나 우울한 작품을 감상해 보자.

작가의 감성이 담겨 있는 작품이나 공연을 본 후 찾아오는 약간의 우울감은 내 마음에 역설적 충전을 가져다주는 소중한 정서이고 예술적인 창조적 감성도 풍부하게 해준다.

인생을 살다보면 마주치는 다양한 감성을 취미의 재료로 삼아 감상하고 즐기는 여유를 가져 보는 건 어떨까.

어차피 10명 중 7명은 당신에게 관심 없습니다

《미움받을 용기》라는 번역서가 한동안 베스트셀러 1위를 놓치지 않았다. 연인 시절, 하루라도 안 보면 미칠 것 같아 결혼한 부부도 "사네 마네" 하며 서로 미워하는 것이 흔한 현실인 것을 감안하면 '더 사랑할 용기'라는 제목의 책이 사랑받아야 정상일 것 같은데, 엉뚱한 제목의 책이 잘 팔린 것이다.

내용은 두 번째고, 책 제목 때문에 사람들의 손이 우선 가는 것이 아닌가 싶다. 이전에 베스트셀러였던 《아프니까 청춘이다》나 《멈추면 비로소 보이는 것들》 같은 책들처럼 우리의 허전한 마음을 툭 건드리는 무언가가 있나 보다.

아픈 것은 정상이니 꿈을 갖고 앞을 향해 도전하고, 그래도 너무 앞만 보고 달리기만 하면 삶이 피곤하니 가끔 멈춰서 옆도 뒤도 돌아보고, 그래도 또 힘들면 미움받을 용기를 가져야 한다는 심리 처방이 단계별로 유행인 모양이다.

그런데 정말 미움받을 용기가 있는 사람은 비정상이다. 사이코패스가 아닌 다음에야 남에게 일부러 해코지해서 미움을 받고 싶은 사람은 없을 것이다. 사실 사이코패스들의 반사회적인 행동 이면에는 타인의 관심을 받고자 하는 무의식이 숨어 있는 경우가 적지 않다.

얼마 전 일어난 예비군 총기 사고나 미국 흑인교회의 총기 난사 사건의 가해자들은 모두 20대 초반의 청년들이다. 추측하건대 자기 정체성에 문제가 있었을 가능성이 크다. 건강한 자기 정체성은 타인과의 긍정적 관계 안에서 만들어진다. 타인의 관심이 나에게 비춰지지 않는다고 느낄 때 자신이 사라지는 고통이 찾아오는데, 불안정한 성격을 가진 사람인 경우 자신의 존재를 느끼기 위해 남을 해하는 행동까지 할 수 있는 것이다.

나를 드러내 보일 수 있는 용기

고향을 떠나 서울에 취직한 20대 후반 남성이 서울에 지인도 없고 적적해 SNS에 의지하게 되었다고 한다. 열심히 멋진 글과 사진을 올리려 애쓴 결과 많은 댓글이 달리게 되었는데, 허전하고 외로운 감정이 다시 더 크게 몰려왔다는 것이 그의 이야기였다.

그가 외로운 이유는 SNS 안에 내가 만든 새로운 '나'가 실제 나와 멀어졌기 때문이다. 내성이라는 관심 중독 증상이 나타난 것이다. 가짜 행복이기에 점점 센 가짜 자극을 주어야 유지가 되는데, 가상의 나와 실제 나의 차이가 클수록 관심 중독의 부작용은 심해진다.

사연 속 남성에게 필요한 것이 바로 '미움받을 용기'다. 미움받을 용기보다는 '좋아하든가 말든가 있는 그대로 날 보여 주는 용기'란 표현이 더 정확하지 않을까 싶다. 이를 심리학적 용기라 한다. 심리학적 용기는 내 속내를 있는 그대로 열어 놓을 수 있는 상태를 말한다.

뇌에 있는 생각 중에는 잘못된 것들이 많은데, 그중 대표적인 것이 모든 사람에게 사랑받고 싶다는 생각이다. 모든 사람에게 사랑받기 위해 노력하는 게 잘못되었다는 것이 아니다. 그러한 생각 자체가 잘못되었다는 것이다.

내가 아무리 모든 사람에게 사랑받기 위해 노력해 보았자, 열 명 중 두 명은 나를 싫어하고 일곱 명은 관심 없고 한 명은 나를 좋아한다. 반대로 내가 하고 싶은 대로 하고 살아도, 열 명 중 두 명은 나를 싫어하고 일곱 명은 관심 없고 한 명은 나를 좋아한다.

나한테 잘해주는데도 괜히 그 사람이 싫었던 경험이 있을 것이다. 반대로 별로 나한테 잘하는 것도 없는데 끌리는 사람도 있다. 마찬가지로 아무리 열심히 노력한다 한들 모든 사람이 나를 좋아하게 만들 수는 없다.

모든 사람에게 사랑받겠다는 목표를 가지면, 작은 무관심에도 더 크게 좌절하게 된다. 그리고 모두의 관심을 받는다 하더라도 사랑받기 위해 가공된 나에 대한 관심이기에 고독감만 더 크게 몰려오고 관심 중독마저 생길 것이다.

모든 사람에게 잘 보이고 싶은 욕구를 줄이고, 용기를 내어 내 속내를 드러낼 때 인생의 친구를 한 명이라도 제대로 만날 수 있다. 나를 은은하게 바라봐 주는 친구가 한 명만 있어도 우리 인생은 외롭지 않을 수 있다. 실은 그 한 명도 얻기가 얼마나 어려운가.

그러한 심리학적 용기를 갖기 위해선 삶의 방향이, 타인의 관심이 아닌 가치를 좇아야 한다고 한다. 삶의 가치는 삶의 목표와 연관돼 있다. 결국 미움받을 용기는 무엇을 위해 사는가에 대한 문제인 것이다.

자존감은 의지만으로 생기지 않아요

열등감 때문에 힘들다는 고민을 자주 접한다. 그러나 열등감 자체가 병적인 것은 아니다. 이기고자 하는 경쟁 욕구가 있기에, 그리고 이기고만 사는 인생은 없기에 열등감은 언제든 찾아올 수 있다. 이때 나를 다시 일으켜 세우는 것이 자존감이다.

성취를 해야 자존감이 올라갈 것 같지만, 사실은 시작점이 자존감이다. 튼튼한 자존감은 성공 경험에 이르는 지름길이고 그 경험이 자존감을 더 강하게 한다. 때론 실패하더라도 자존감은 용기를 잃지 않고 자신을 소중히 여기며 재기할 수 있게 한다.

반면 성공했음에도 자존감이 높지 않은 사람들이 있다. 겉으로만 강해 보이는 가짜 자존감을 가진 경우인데 항상 자신은 사랑받지 못한다는 불안감에 사로잡혀 있고, 관심받기 위해 열심히 노력해 사회적 성취를 이루어도 마음의 불안이 지속된다. 가짜 자존감을 가진 사람들은 사람보다 힘에 집착하고 다른 사람의 무관심이나 비판을 견디지 못하는 모습을 흔히 보인다.

내 자존감의 강도가 어느 정도인지 알아볼 수 있는 간단한 방법이 있다. 타인의 충고나 비판에 반응하는 내 마음을 살펴보는 것이다. 평소라면 그냥 지나쳤을 것 같은 충고에도 섭섭하고 화가 치밀어 오른다면, 자존감이 낮아진 것으로 봐야 한다. 그런데 이 자기 사랑과 자기 확신은 의지로 만들 수 있는 게 아니다. 앞뒤 없이 '무조건 나를 사랑하고 믿어주겠다'는 의지만으로 생기지 않는다.

마음의 목표를 재점검해 보세요

건강한 자존감을 갖고 싶다면 우선되어야 하는 것이 내 마음에 대한 이해다. 여기서 중요한 것은 내 마음의 가치체계, 즉 내가 어떤 상황에서 내 행동을 근사하게 여기느냐 하는 것이다.

예를 들어 '대가 없이 사람들에게 사랑과 우정을 베풀 거야'라고 삶의 목표를 정하면 자존감은 계속 떨어질 수밖에 없다. 가치 있는 희생이라 해도 상대방에게 감정적 보상을 요구하는 것이 인간의 본능이기 때문이다. 부모조차도 나중에 자녀가 나 몰라라 하면 섭섭해하는 것이 인지상정 아니던가.

내 마음이 다다를 수 없는 목표를 설정하면, 그 목표에 가닿을 수 없기에 자존감은 계속 떨어진다. 자존감을 키우기 위해서는 마음의 목표를 재점검할 필요가 있다.

외부의 기준으로만 자신의 가치를 평가하면 자존감이 떨어지기 쉽다. 학교 성적이나 승진 같은 사회적 성취는 내가 열심히 한다고 해서 항상 좋은 결과가 나오는 것이 아니기 때문이다. 인생사엔 굴곡이 있게 마련이고, 지금 당장은 아니어도 언젠가는 하강 곡선을 그릴 수밖에 없다.

칭찬도 마찬가지다. 내가 아무리 모든 사람에게 열심히 잘한다고 한들, 그들이 전부 나를 사랑할 수는 없다. 나한테 잘해주는 사람이라도 내가 싫어할 수 있듯, 나를 별 이유도 없이 싫어하는 사람이 존재할 수 있는 것이다. 잘 거절하지 못하고 꼭

할 말도 못 하는 행동의 이면에는 모든 사람과 좋은 관계를 맺고자 하는 마음의 목표가 있을 가능성이 높다.

외부 평가에 너무 의지하면 자기 확신이 떨어진다. 남이 알아주든 말든 나만의 소중한 목표를 세우고 나아가야겠다는 배짱이 필요하다.

자존감을 키우기 위해서는 비교에 의한 외부 기준보다 본질적인 가치에 마음의 목표를 두는 것이 좋다. 그리고 너무 이상적인 것보다는 소박한 형용사, 동사로 표현할 수 있는 목표가 좋다. 예를 들어 내가 개그맨이라면 '고정 방송을 몇 개 확보하겠다' 혹은 '언제든 사람을 웃길 수 있는 최고의 개그맨이 되겠다'라는 목표보다는 '단 한 명의 관객이 있어도 그의 마음을 유머로 위로할 수 있는 개그맨이 되겠다'가 자존감 강화에 좋은 목표다.

목표가 너무 작다고? 목표가 주관적인 가치에 충실할 때 자존감도 올라가고 실행 능력도 좋아진다. 그러니 저런 소박한 목표를 가진 사람이 오히려 인기 개그맨으로 롱런할 가능성이 높다. 다시 말해 무리한 목표보다는 작아 보여도 가치 있고 이룰 수 있는 목표를 세워 성공 경험을 반복함으로써 자아효능감을 키우는 것이 중요하다.

안 좋은 마음의 목표란 무엇일까? 그건 아예 목표가 없는 것이다. 목표가 없으니 자존감을 높일 성공 경험도 할 수 없다. 삶의 목표가 '열심히 살자'인 분도 있는데, 이 또한 목표가 없는 것이나 마찬가지다. '열심히'라는 건 삶의 태도이지 목적이라 할 수 없다.

그래서 '열심히 살자'라는 목표를 가진 분들이 불안장애로 찾아오는 경우가 적지 않다. 아무리 노력해도 목표에 다다를 수 없으니 초조하고 불안해지는 것이다. '모든 사람에게 사랑받자'가 아닌 '나를 솔직히 표현해도 통하는, 나와 맞는 사람들과 잘 지내자'를 목표로 삼으면 어떨까? 그러면 상대방에게 자연스럽게 내가 하고 싶은 말을 할 수 있을 것이다.

자기 마음을 주장해 보세요

그런데 표현을 잘하려면 나에 대한 관심을 가지는 것이 중요하다. 표현을 잘하지 못한다는 것은 관심이 너무 상대방에게 쏠려 있다 보니 막상 내가 무엇을 좋아하는지 모른다는 뜻일 수도 있기 때문이다.

자신이 무엇을 좋아하는지 아는 사람은 자기주장도 잘할 수 있고, 필요에 따라 거절 의사도 표현할 수 있다. 그러니 내가 뭘 좋아하는지 정확히 모르면서, 타인에게 좋은 느낌을 주겠다는 목표만 가지고 있으면 타인에게 나를 끼워 맞추게 된다. 그러면 주변에 사람이 많아도 진정한 친구는 한 명도 없다는 공허를 느끼기 쉽다.

시작은 어려울 것이다. 그래도 자기 마음을 주장해 보라. 의외로 내 마음에 공감해 주는 사람이 많다는 걸 느끼게 될 것이다. 공감해 준 사람에게 더 신뢰가 생기고 관계 또한 깊어질 것이다.

상처는 회복될 수 있습니다

학창 시절엔 오로지 수학능력시험 하나만을 바라보며 달렸다. 대학 땐 취업에 필요한 각종 자격증을 따고 공채 시험을 준비하느라 바빴다. 하지만 취직한 뒤에도 시험은 끝나지 않는다. 때마다 승진 시험이며 회사에서 필요로 하는 시험들이 계속 이어진다. 인생에서 계속되는 시험 때문에 힘들고 지친다는 이들이 적지 않다.

표면적으로는 '시험 스트레스' 때문이지만, 더 본질적으로는 내 인생의 목표가 무엇인가에 대한 문제이기도 하다. 앞서 설명했듯 스트레스 관리는 스트레스 요인을 없애는 것만으로는 답이 나오지 않는다. 더 나이 들어서 시험 볼 일도 없어지면 우리는 내 존재가 희미해지는 것에 좌절한다. 시험 볼 일이 없어진 것도 어찌 보면 극복해야 할 인생의 시험인 셈이다. 결국 우리는 죽음이라는 큰 시험도 맞이해야 한다. '인생=시험'이라고 해도 지나치지 않다.

그래서 시험이 과정이 아닌 목표가 되면 삶이 지칠 수밖에 없다. '수능만 보고 나면', '취직만 되면' 등 시험은 단기적으로 동기를 부여하는 강한 목표가 될 수 있고, 원하는 목표대로 결과가 나왔을 때는 만족감이 찾아오기도 한다. 그리고 삶의 목표가 이루어질 때 우리는 행복해지고 자존감도 더 올라간다.

그러나 계속 시험 자체를 목표로 삼으면 중·장기적으로는 마음에 번아웃이 찾아오기 쉽다. '최선을 다해 시험을 잘 마치겠어'는 도달할 수 없는 목표이기 때문이다. 앞에서 이야기한 것처럼 인생은 시험의 연속이고, 나이가 들수록 인생이 주는 시험의 양과 질은 늘어나기까지 한다. 목표를 이루지 못하니 마음에 행복 반응이 잘 일어나지 않고, 행복감 없이 열심히만 살다 보니 마음이 지쳐 번아웃에 이르게 되는 것이다.

삶의 의미가 우리를 살게 합니다

전 세계적으로 수백만 권이 팔렸고 지금도 스테디셀러인 《죽음의 수용소에서》라는 책이 있다. 이 책의 저자인 정신과 의사 빅터 프랭클은 히틀러 시대에 유태인이라는 이유로 아우슈비츠에서 긴 시간을 보냈고, 그 자전적 경험을 책으로 썼다. '왜 사는지를 아는 사람은 어떤 상황도 견디어 낼 수 있다'가 이 책의 주제라 할 수 있다.

책 내용에 따르면 아우슈비츠의 포로들은 매일 아침 '죽음의 시험'을 맞이한다고 한다. 노동 능력이 상실되었다고 판단된 포로들은 가스실로 보내져 비참한 최후를 맞게 되는 것이다. 다음 날 죽을지도 모르는 극도의 불안 속에서, 그는 끊임없이 삶의 의미를 찾고자 하는 사람의 본능을 발견한다. 그리고 끝까지 삶의 의미 발견을 포기하지 않는 사람만이 살아남게 된다는 것을 목도한다.

삶의 목적과 가치를 찾고자 하는 본능은 식욕만큼이나 강력한 것이라서, 식욕을 만족시키지 못하면 배고픔이 찾아오듯 삶의 의미를 찾지 못하면 실존적 좌절감이 찾아온다. 계속되는 시험에서 지치는 것도 결국 '시험'이란 목표가 더 이상 삶의 의미가 되어 주지 못하기에 마음이 좌절해서 그런 것이다.

프랭클 박사가 창시한 의미치료에 따르면, 사람은 삶의 의미를 세 가지 방식으로 찾을 수 있다고 한다. 첫째 무엇인가를 창조하거나 어떤 일을 함으로써, 둘째 어떤 일을 경험하거나 어떤 사람을 만남으로써, 셋째 피할 수 없는 시련에 대해 어떤 태도를 취하기로 결정함으로써 삶의 의미에 다가갈 수 있다.

일을 하면 힘들고, 일이 없으면 더 힘든 것이 인생이다. 일을 하면서 순간순간 만족감을 느끼겠지만 일은 노동이고 우리를 힘들게 한다. 일의 본질이 그러하기에 지금 내가 힘든 것이지, 나만 잘못 살고 있어서 그런 것은 아니다.

지금 승진 시험 등 여러 시험으로 인한 압박 때문에 힘들다면, 그것이 나쁜 감정이 아니며 내가 열심히 살고 있기에 느끼는 가치 있는 감정으로 받아들이는 것이 필요하다. 잘 못 살아서 힘든 것이 아니라, 잘 살고 있기에 힘든 것이다.

그리고 '열심히 시험을 준비하자'라는 자세는 좋은 것이지만 시험 자체가 목표가 되는 것은 수정돼야 한다. 최선을 다해 시험을 준비하되, 그 결과에 대해서는 따뜻하게 수용해야 한다. 더불어 자기 마음을 꼭 안아 주는 것도 필요하다. 그래야 자존감, 긍정성도 튼튼히 유지되고 슬럼프를 쉽게 극복해 계속되는 시험에도 지치지 않을 수 있다.

예를 들어 나의 입장에서 '최고의 정신과 의사가 될 거야'
란 목표를 가지면 인생이 무거운 시험처럼 될 수밖에 없다. '최
고의 정신과 의사'는 측정도, 도달도 어려운 목표이기 때문이
다. 그보다는 '하루에 한 명이라도 위로하는 사람이 될 거야'가
더 좋은 목표다.

목표가 쉽기에 만족감도 크고, 그것이 동기 부여의 수단이
돼 즐겁게 일하다 보면 최고가 될 확률도 높아진다. 최고가 목
표가 아니기에 혹시 최고가 되더라도 괜히 우쭐해져 주변을 피
곤하게 만드는 사람이 될 가능성도 적다.

최고는 결과물인 것이지 목표가 되면 삶이 피곤해진다. 오
히려 길게 보면 그러한 목표로 인해 최고가 될 확률이 더 떨어
질 수도 있다. 이 글을 읽고 있는 당신의 인생 목표는 무엇인
가? 없다면 '최고'라는 디폴트 값이 설정돼 있을 가능성이 높
다. 그렇다면 내 삶의 목표를 조정하는 시간이 필요하다.

아픔이 찾아오면 즐기고 성장해 봅시다

의미를 찾는 세 가지 방식은 일 이외에 두 가지가 더 있는
데, 그중 하나가 경험이다. 사람은 일뿐만 아니라 자연과 문화,
좋은 사람과의 관계를 경험할 때 삶의 의미를 느끼도록 설계돼

있다. 어찌 보면 일보다 더 쉽게, 고통 없이 삶의 의미를 찾을 수 있는 방법이다. 일과 삶의 균형, 이 경험이 삶에 해당하는 부분이 아닐까 생각된다.

앞서도 말했지만 자연, 문화, 사람을 경험하는 것, 쉬울 것 같지만 그렇지 않다. 지속적으로 내 마음이 좋아하는 경험의 내용을 알아가고 몰입해야 내 경험의 깊이도 더 깊어지게 된다. 자꾸 일만 하다 보면 내 마음의 경험이란 시스템이 굳어져버리기 때문이다.

경험은 일에도 중요한 영향을 미친다. 경험을 통해 의미를 찾을 때 공감·소통 능력, 긍정성, 창조적 사고력 등이 증가되므로, 마음의 행복을 넘어 일에도 긍정적인 영향을 주게 되는 것이다. 잘 경험해야, 즉 잘 놀아야 일도 잘할 수 있다.

마지막으로 고통에 대한 태도를 어떻게 취하느냐가 삶의 의미를 느끼는 데 중요하다. '시험'이라는 마음의 통증이 부정적인 스트레스로 작용해 내 마음과 몸을 지치게 할 수 있지만, 같은 트라우마가 자기 성장의 동력이 될 수도 있다. 이를 요즘 심리학에서는 외상 후 성장post traumatic growth이라고 한다.

고통을 원하는 사람은 없다. 하지만 살다 보면 시련과 시험이 찾아오게 마련이다. 그렇다면 기왕 찾아온 고통을 의미 있게 받아들일 수 없을까? 그렇게 되려면 어떻게 해야 할까?

우선 내가 느끼는 삶의 통증을 결핍이나 비정상적인 것으로 판단하지 말아야 한다. 앞서도 말했지만 시험 때문에 스트레스 받고 지치는 것은 잘 못 살고 있어서가 아니다. 잘 살고 있기 때문에 느끼는 것이다.

사랑하는 사람과 헤어져서 느끼는 좌절과 우울은 이상한 감정이 아니다. 아주 정상적이고 당연한 감정이다. 힘들긴 하지만 일을 하기에 힘든 것이고, 사랑했기에 이별도 있는 것이다. 따라서 내 삶이 주는 긍정적인 감정뿐만 아니라 부정적인 감정도 소중하게 여기고 정상적인 감정 반응으로 받아들이는 것이 필요하다. 그러면 내 마음도 잘 위로할 수 있게 된다.

반대로 스스로 무능력하다고 여기거나 내 감정을 부정적인 것으로 판단하면 자신을 비판하고 더욱 채찍질하게 된다. 그러면 안 그래도 지친 마음에 더 상처를 주기 쉽다.

우리네 인생은 영화와 같다. 그래서 내가 느끼는 통증과 시험에 대해 스토리텔링을 해보는 것도 도움이 된다. 내 삶의 통증이 나를 성장시키는 스토리텔링을 해보자. 글로 내 인생이란 영화의 시나리오를 적어 보는 것이다.

또 하나는 사회적 회복탄력성을 활용하는 것이다. 외상 후 성장이 가능한 것은 우리 마음에 인생의 역경을 성장으로 전환시키는 강력한 힘이 존재하기 때문이다. 그 힘을 회복탄력성이라 부르는데, 사회적 회복탄력성은 나의 힘든 고민을 공감해 줄 누군가가 있다면 성장을 통한 회복의 힘을 더 강화시킨다.

우리 모두 아프지 않으면 좋겠다. 하지만 아픔이 찾아온다면 그것을 성장의 기회로 맞아 보자.

아주 작은 성공의 힘

라디오를 함께하던 30대 여성 뮤지션이 새해를 맞아 당차게 신년 건강계획을 내놓았다. "내일부터 술도 딱 끊고 매일 수영할 생각입니다." 강력한 자기 결심을 하는 모습은 아름다웠으나 내심 걱정도 되었다. '처음부터 너무 센 목표를 잡으면 실패하기 쉬운데….'

강한 결심은 의외로 전략적으로는 백전백패, 작심삼일로 끝나기 십상이다. 실패한 것도 속상한데 '난 안 돼' 하며 자존감마저 떨어지니 더 속상하다. 그 실패의 느낌이 싫어 다음 해로 넘기거나, 아예 계획 자체를 세우지 않게 되기도 한다.

한 달 후 그 여성 뮤지션을 다시 만나 신년 계획을 잘 지키고 있는지 물었다. 처음 일주일은 열심히 했으나, 술 한잔하고 수영도 하루 빠지게 되니 '그냥 다 포기하고 내년에 하자'란 마음이 들었다 한다. 실패 때문에 우울하다고 하여, 라디오 마치고 술 한잔 사 주었던 기억이 난다. 그녀는 평소보다 술을 더 많이 들이켜는 듯했다.

큰 결심보다 작은 계획의 성공이 중요합니다

스트레스 관리와 더불어 나의 전문 영역인 '라이프스타일의학'은 비약물적 요법으로 건강을 증진하고 질병을 예방·치료하는 영역이다. 라이프스타일의학에서는 행동 변화를 막는 작심삼일이 가장 큰 적이다.

술을 적당히 하고, 담배를 끊고, 식이를 조절하고 꾸준히 운동하여 비만을 줄이고, 심장과 혈관을 깨끗하고 튼튼하게 하는 것이 100세를 바라보는 고령화 사회에서 최고의 장수 솔루션임을 모르는 사람이 어디 있겠는가. 문제는 알아도 몸이 따라오지 않는 데 있다.

특히나 라이프스타일이 좋지 못해 꼭 운동해야 하는 사람일수록 아이러니하게 더 운동을 하지 않으니 걱정이다. 건강 행동 변화뿐만 아니라 학업이나 자기계발에 있어서도 좋은 결과를 얻기 위해선 내 기존 행동에 긍정적인 변화가 일어나야 하는데, 그게 쉽지가 않다.

행동 변화의 성공에 있어 핵심적인 심리 요소인 '자아효능감self-efficacy'에서 힌트를 얻어 보자. 자아효능감은 특정한 문제를 자신의 능력으로 잘 해결할 수 있다는 신념이나 기대감이다.

뻔한 이야기 같은가. 그런데 단순히 의지를 강하게 가지면 된다는 것은 아니다. 생활 습관의 변화는 인간의 이성보다는 감성과 깊이 연관돼 있기에 강한 의지력은 오히려 반작용을 일으켜 '청개구리 저항심'을 강하게 불러오기 일쑤다.

자아효능감 증진에 있어 가장 중요한 요인이 '첫 성공 경험'이다. 거창한 계획을 가지고 온 분들께 그 의욕은 칭찬해 드리나 계획은 작게 줄이도록 말씀드린다.

"큰 계획에 담긴 선생님의 의지는 높이 삽니다. 그러나 작은 목표부터 실천해 볼까요? 일주일 후에 다시 올 때까지 이 정도는 눈 감고도 할 수 있다, 100퍼센트 성공 가능성이 있다고 생각되는 계획을 하나 세워 보세요. 일주일 동안 하루에 5분 걷기도 좋습니다."

작심삼일을 극복하는 법은 실패 후 용기를 내는 것이 아니라 작심삼일이 일어나지 않도록 작은 계획부터 실천하는 일이다. 강력한 이성으로 삶의 굴곡을 극복하는 것이 희열을 줄지는 모르나, 감성 시스템과 맞물린 라이프스타일의 변화에는 작은 성공이 더 중요하다.

작은 성공에 칭찬이 더해지면 자아효능감 뿜뿜

자아효능감 증진에 있어 중요한 요인이 하나 더 있다. 바로 주변의 관심과 칭찬이다. '이번에 내가 살을 쫙 빼고 날씬해져 네 코를 납작하게 해주겠다'는 식의 접근은 좋지 못하다. 과도한 의지가 작동하여 쉬이 지치게 되고 감성의 저항도 심해진다.

오히려 가족과 친구들에게 자기의 소박한 계획을 알리고 따뜻한 칭찬과 격려로 적극 지원해 주기를 요청하자. 문자 메시지, SNS 등 가벼운 커뮤니케이션 기술이 얼마나 발달해 있는가. 오늘 10분 사색하며 걷기 운동한 것을 알리고, 주변에서 작은 성공에 대해 칭찬하고 격려해 줄 때 자아효능감은 무럭무럭 자라나게 된다.

자아효능감은 이성의 의지력이 아닌 감성의 자연스러운 움직임에서 나오는 마음의 힘을 보여 준다. 자아효능감이 큰 사람이 치매에 덜 걸린다는 최신 연구 결과도 있다. 새롭게 느껴질지 모르나 결국 우리 감성을 부드럽게 잘 조절하고 기분 좋게 만들어 주는 데 건강의 열쇠가 있다는 이야기이니, 마음을 다스리는 것이 모든 것의 근본이라는 오래된 진리와 일맥상통한다.

자아효능감 증대란 결국 동기 부여 전략이다. 사람의 동기란 잔소리나 핀잔으로 커지지 않는다. 오히려 멀리 도망치기만 할 뿐이다.

운동하고 술 끊으라는 아내의 잔소리에 스트레스 받아 술을 더 먹게 된다고 한숨을 내쉬는 남성들이 적지 않다. 그런 분들께 "아내의 잔소리, 본질은 사랑입니다. 아내가 잔소리를 그만두었다면 이별을 준비 중인 거예요"라고 말씀드리면 웃으며 돌아가신다. 그러나 잔소리는 매우 효율이 떨어지는 동기 부여 전략이다.

사랑할수록 잔소리를 하게 된다. 그러나 사랑하는 사람의 행동이 변화하기를 진심으로 원한다면, 잔소리보다는 열린 질문과 칭찬을 해줘야 한다.

"이 원수야 언제까지 술 먹을 거야! 그러다 나 혼자 두고 먼저 가버릴 거야?"가 아니고 "여보, 요즘 술 끊기가 많이 힘들죠. 어떤 점이 제일 힘들어요? 그래도 요즘 애쓰는 모습이 보기 좋아요"가 라이프스타일의학에서 말하는 효과적인 동기 부여 전략이다.

너무 간지러운가? 그런데 우리 감성은 이러한 간지러움에 반응하고 마음의 문을 연다.

원하는 걸 얻었는데 왜 마음이 허전할까요?

종종 성공한 유명 인사들의 스캔들이 세상을 떠들썩하게 한다. 그들이 왜 이런 행동을 보이는가에 대해서는 두 가지 가능성이 있다.

첫 번째는 원래부터 이상한 사람이었는데, 운이 좋아 성공을 움켜쥐었다가 본색이 드러난 경우다. 두 번째는 그렇게까지 이상한 사람은 아닌데 성공 후에 마음에 무언가 이상한 일이 벌어져 사고가 터진 경우다.

후자의 경우라면 누구도 그러한 위험에서 자유로울 수 없고, 안심할 수 없는 셈이다.

앞서 설명했듯 뇌 안의 쾌락 시스템은 생존에 꼭 필요한 장치다. 그래서 지금껏 퇴화하지 않고 맹렬히 작동하고 있다. 인류 생존에 꼭 필요하여 강력한 쾌감 반응을 일으키는 요인들을 '생존 아이템'이라고 부른다.

가장 강력한 것이 먹는 욕구다. 먹어야 내가 살 수 있기 때문이다. 두 번째가 사랑에 대한 욕망이다. 남녀가 사랑을 나누지 않으면 다음 세대를 지탱할 후손이 끊기게 된다. 세 번째가 권력, 힘에 대한 욕망이다. 힘이 있어야 내 가족, 내 조직을 지킬 수 있기 때문이다.

그런데 이 쾌락 시스템이 생존과 적절한 수준의 삶의 유희로서의 기능을 넘어, 과도하게 작동하게 되면 오히려 생존에 위협이 된다. 먹는 쾌락에 지나치게 빠지면 복부에 지방이 차오르고 결국 심장과 뇌가 병들게 되는 것처럼 말이다.

마음이 채권 회수에 들어간 것입니다

긍정성은 성공의 중요한 요인이다. 긍정성은 삶의 위기가 찾아와도 그것을 뛰어넘고 목표를 향해 달리게 해준다. 그런데 이 긍정성을 제공하는 '마음'이 자선단체가 아니라는 데 문제가 있다. 금융기관처럼 일한다는 것이다.

성공하고 싶다고 마음에게 이야기하면 마음이 긍정성을 대출해 준다. 그러다가 성취를 이룬 순간, 마음은 채권 회수에 들어간다. 제공하던 긍정성의 파이프라인을 잠가 버리고 '네가 성공하게 지금껏 도와주었으니 이젠 나를 즐겁게 해보라'며 보상을 요구하는 것이다.

이것이 성취 후 찾아오는 허무감의 정체다. 마음이 보상을 요구하면서 긍정성을 더 이상 제공하지 않기 때문에 허무감이 찾아오는 것이다.

유명 인사의 스캔들을 보면 그것이 일어난 시점이 내리막이 아닌 한창 성공의 탄탄대로를 걷고 있을 때인 경우가 많다. 다 가진 사람이 왜 저런 행동을 해서 모든 것을 잃는지 이해가 되지 않지만, 실은 다 가졌기 때문에 스캔들이 터질 위험 또한 높아지는 것이다.

성공 후에 찾아오는 심리적 보상에 대한 요구를 건강하게 해결하지 못하면, 그 허전한 마음을 위로하기 위해 쾌락 시스템이 과도하게 작동할 수 있다. 스캔들의 내용을 보면 대부분

성적인 것 아니면 돈이나 권력을 과도하게 사용한 경우다. 강력한 생존 아이템인 성적 욕망과 권력욕 때문에 내 쾌락을 위해 타인을 망가트리게 되고, 결국 내 숨통마저 조이는 결과를 초래하는 것이다.

역사학자 유발 하라리는 인류인 호모 사피엔스에 대해 생존을 위해 자신의 힘을 쓰는 데는 탁월한 재능을 가졌으나 가진 힘을 이용해 행복에 이르는 기술은 부족한 존재라고 평했다.

하버드대학교에서 75년 동안, 724명을 대상으로 행복에 대해 연구한 결과가 맥이 빠질 만큼 심심하다. 돈, 힘이 아닌 좋은 인간관계를 가진 사람이 더 행복하고 더 건강하다는 것이다.

인간관계만 좋으면 된다니 행복하기가 참 쉽게 느껴지지만 사실은 세상에 제일 어려운 것이 사람과의 관계 아니던가. 어렵다 보니 돈으로, 힘으로 사람의 마음을 사려고 하지만, 그렇게 해서는 진짜 좋은 관계를 얻을 수 없다. 돈으로 사랑을 표현할 수는 있을지 몰라도, 진짜 사랑을 살 수는 없다.

대중의 사랑을 지속적으로 받는 유명인 중에 기부 천사 스토리를 가진 이들이 적지 않다. 기부 행동 자체가 자신의 성공을 지탱하는 동기인 경우도 보게 된다. 생존은 나를 위한 몸부림인데, 생존의 목적인 행복은 나의 에너지를 타인을 위해 쓸 때 찾아온다는 쉽지 않은 지혜를 그들은 미리 깨달은 것이 아닐까.

매일
조금씩
나를
더
사랑하는
연습

친절한 행동을 실천하기

친절한 행동이란 큰 봉사나 헌신을 말하는 것이 아니다. 바쁜
사람에게 순서 양보하기, 피곤해 보이는 동료에게 따뜻한 말과
커피 한 잔을 건네기, 남의 고민 들어주기 등 주변을 살펴보면
언제든 실천할 수 있는 것들이다. 이런 행동은 긍정적인 감정
을 일으키고, 나와 주변이 연결되어 있다는 느낌을 주며 행복
감을 배가시킨다.

스마트폰 속 남의 인생과 비교하지 마세요

사람의 얼굴보다 컴퓨터 화면이나 스마트폰을 더 들여다보고 있는 것이 요즘 우리의 일상이다. 업무 중에도, 출퇴근길에도, 화장실에 갈 때도 스마트폰을 손에서 놓지 못한다.

오랜만에 부부가 저녁 식사를 해도 서로 스마트폰만 쳐다보는 것이 흔한 풍경이다. 중독 현상인 셈이다. 한 기업가 모임은 모임 하는 동안 스마트폰을 수거해 서로에게 집중할 수 있도록 한다고 한다.

스마트폰을 손에서 놓으면 불안하기까지 하다. 여기서 더 나아가 일을 하는 데 있어 집중도가 떨어진다는 느낌을 받는 사람도 있다. 업무상 컴퓨터와 스마트폰을 들여다보는 시간이 많다 보니 말투나 생각이 부정적으로 바뀌고, 일이 잘 풀리지 않으면 혼잣말로 회사나 동료를 탓하는 자신을 발견하게 된다는 것이다.

정보가 중요한 자원이 된 현대 사회에서는 산업 구조도 정보 산업, 두뇌 산업 중심으로 바뀌고 있다. 그러다 보니 인터넷이나 전자우편 등 컴퓨터를 통한 업무 처리량이 폭증했고, 그 결과 직장인들은 피로감과 심리적 스트레스에 시달리고 있는데 이를 '정보 피로 증후군'이라 한다.

주 증상은 업무 처리 능력 저하, 불안감, 자기 회의감 증가 등이다. 그리고 기능이 떨어지다 보니 책임을 주변에 전가하는 경향, 즉 남 탓을 하는 일이 늘어난다.

디지털 디톡스를 아시나요

SNS피로증후군도 정보피로증후군의 한 종류라 볼 수 있다. 페이스북, 트위터, 카카오톡 등 여러 종류의 SNS를 동시에 사용하다 보니 과도한 정보 공유와 인맥 관리 분산으로 스트레스에 시달리는 사람이 증가하는 것이다.

SNS로 관계를 맺고 있는 사람과의 정치적 이념 차이나 직장 상사와의 관계 등에서 발생하는 스트레스도 SNS피로증후군의 한 사례다. 한 국내 SNS 이용 실태 조사를 보면 SNS 이용자의 40퍼센트가 소셜미디어 이용에 스트레스를 받는다고 말했다고 한다.

정보피로증후군 전문가인 신경과학자 데이비드 루이스 박사는 영국 직장인들을 대상으로 한 실험을 진행했다. 일상생활에서 일어날 수 있는 예기치 못한 각종 상황에 대해 인식시킨 후 최면을 유도해 마치 실제인 양 느끼게 하고 심장 박동, 피부 저항 등 신체에 나타나는 스트레스 정도를 측정한 것이다.

그런데 뜻밖에도 휴일의 문자 메시지 등 스마트폰에 찍히는 상사의 전화번호가 번지점프나 자동차 사고보다 더 두려운 존재라는 결과가 나왔다. 루이스 박사는 "직장에서 별생각 없이 보낸 메시지도 앞에 '상사', '업무'라는 꼭지가 붙어 오면 사람들이 극심한 스트레스를 받는 것으로 확인됐다"고 말했다.

슬픈 현실이 아닐 수 없다. 직장 상사들은 '아니, 문자 하나에 뭐 그렇게 반응하나' 싶겠지만 이것이 우리 마음의 상태인 것이다.

우리 마음은 타인과 연결되기를 원하지만 혼자만의 자유를 느끼지 못하면 이 또한 힘들어한다. 그런데 정보통신 네트워크에 우리 뇌가 연결돼 계속 돌아가는 형국이다 보니 자유로움은 사라지고 뇌 피로가 증가하고 있는 것이다. 그래서 쉬고 싶은 휴일에 날아오는 업무 관련 메시지가 자동차 사고보다 더 공포스럽게 인지되는 것이다.

혹시 이런 현상을 경험하고 있는가?

- 내가 트위터나 페이스북에 올린 글에 누가 어떤 댓글을 달았는지 궁금해 미치겠다.
- 댓글이 적으면 우울하다.
- 아침에 눈을 뜨면 스마트폰부터 찾는다.
- 지하철이나 화장실에서 SNS를 체크하다 보니 피곤하다.

SNS피로증후군을 의심할 수 있는 증상들이다. SNS피로증후군에 대한 솔루션으로 디지털 디톡스라는 개념이 생겨났다.

대표적 IT 회사인 구글의 슈미트 회장도 디지털 디톡스의 필요성을 강조했다는데, 미국 한 대학의 졸업식 축사에서 "인생은 모니터 속에서 이루어질 수 없다. 하루 한 시간이라도 휴대폰과 컴퓨터를 끄고 사랑하는 이의 눈을 보고 대화하라"고 말했다 한다.

SNS피로증후군이 의심된다면, 일주일에 한 시간, 한 달에 하루쯤은 스마트폰, 인터넷과 잠시 이별하는 디지털 오프데이를 가져보는 것이 어떨까. 스마트폰 없이 친구를 만나는 날도 가져보자. "사랑을 소유하는 방법은 자세한 관찰에 있다"란 말처럼 스마트폰이 아닌 내 앞에 있는 사람에게 집중하는 시간을 가지는 것이다.

스마트폰이나 인터넷을 통해 들어오는 과도한 정보가 잠시 끊기면 우리 뇌의 분석 시스템은 잠시 꺼지고 내면의 창조, 충전 시스템이 가동된다. 우리 뇌는 정보가 들어오면 자동으로 분석을 시작한다. 의미 있는 정보인지, 그 가운데 나에게 절실한 생존과 관련된 정보는 없는지 등등.

그러나 불필요한 정보까지 쏟아지면 장난 전화가 빗발치는 119 콜센터처럼 정말 중요한 정보에 대처하는 속도가 오히려 느려질 수 있다. 그리고 외부 정보에만 응대하다 보니 내면의 창조 시스템이 잘 작동되지 않아 업무에 있어서도 기발함과 참신함이 사라지게 된다.

디지털 세상 자체가 독소는 아니다. 과도한 사용이 문제다. 가끔은 디지털 기기에서 벗어나 내 마음에 자유를 주는 것이 디지털 세상에서 경쟁력을 확보하는 역설적 전략이다.

스마트폰 집에 두고 당일치기 기차 여행

어디론가 멀리 떠나고 싶은 기분이 들 때가 있다. 그렇다면 해
외여행까지는 아니더라도 주말에 잠시 기차에 몸을 맡겨 보는
것은 어떨까? 피곤할 때 긴 여행보다는 짧은 여행이 내 마음에
에너지를 보충해 준다.

지칠수록 강한 자유와 즐거움을 찾아 해외여행이나 사람 많은
곳으로의 여행을 계획하게 되는데, 더 지칠 수 있다. 기대를 낮
춘 심심한 여행이 마음 충전에는 더 좋을 수 있다.

스마트폰이나 노트북을 집에 두고 아무 생각 없이 멍하게 창밖을 바라보자. 그러면 명상 효과가 일어나면서 뇌에 새로운 에너지가 충전되고 창조성이 증가한다. 자연이라는 대상과 교감하는 것이다. 휴가는 몰아서 가기보다는 하루 10분, 일주일에 한 시간, 한 달에 하루라도 나만을 위해 떠나는 게 중요하다.

부록

정신과 의사
사용 설명서

우리가 모든 지식을 깊이 습득할 수는 없다. 그래서 경우에 따라 관련 전문가를 찾아가 도움을 받는 것이 문제 해결에 효과적일 수 있다. 마음의 문제도 마찬가지다.

내 마음이지만 내 마음대로 잘 되지도 않고 무의식이라는 것이 있어 내면이 잘 보이지 않는다. 또 심장, 위장처럼 마음도 자신이 담겨 있는 뇌라는 장기가 있어 뇌의 상태, 그리고 뇌에 영향을 주는 여러 신체 상태의 영향을 복잡하게 받는다. 그래서 마음의 문제가 내 삶에 부정적인 영향을 어느 정도 주고 있다고 생각되면 치료가 필요한지 일단 확인하기 위해서라도 마음 전문가와 만나 볼 필요가 있다.

"심리 상담은 안 하세요?"

진료를 보고 있는 환자분 중에 가끔 "선생님은 심리 상담은 안 하세요?"라는 질문을 하는 경우가 있다. 처음엔 '내 상담이 영 시원치 않았나 보네'란 생각에 움찔했는데, 정신분석을 전공한 정신과 선배가 술자리에서 자신도 똑같은 경험을 해 당황했다고 이야기하는 것을 듣고 속으로 편히 웃을 수 있었다.

실제 정신과 진료와 일반적으로 기대하는 정신과 의사와의 만남에 약간의 괴리가 있지 않나 싶다. 영화나 드라마의 영향도 좀 있지 않나 싶은데, 거기서 주로 보여지는 정신과 의사의 캐릭터는 어렸을 때부터 시작된 자신의 기억, 트라우마 등 내담자의 자세한 인생 스토리를 경청하고 때론 질문하며 긴 시간 마음을 살피는 모습이 대체로 많다.

그래서인지 처음 정신과 의사를 만나는 경우, 무언가 자신의 이야기를 자세히 해야 치료에 도움이 될 것이라고 생각하는 분들이 많다. 잘못된 생각은 아니지만 경우에 따라서는 부정적 이야기를 반복적으로 하는 것이 오히려 도움이 되지 않을 수 있다. 부정적인 기억이 더 강화·확장돼 과거에 대한 전반적인 이미지가 어두워져 오히려 현재를 더 우울하게 만들 수 있기 때문이다.

심리 치료만 하는 상황이 아닌 일반적인 정신과 진료에서는 보통 도움이 필요한 불편한 증상이 어떤 것인지를 먼저 파악하려고 한다. 첫 진료에서 앉자마자 내 긴 이야기를 들을 준비가 되었냐고 물어보시는 친절한 분들도 계신데, 상황에 따라 긴 이야기는 다음 시간으로 미루자 말씀드리고 우선 일상생활에서 불편한 증상이 무엇인지를 먼저 여쭙는 경우가 많다.

열심히 살다 보니 지치고, 이런저런 속상한 일을 겪게 되면 스트레스가 가해지고, 마음이 견디기 힘들어지면 불편하다며 호소를 하게 된다. 마음의 증상인 셈인데 의욕 저하, 부정적 생각 등이 찾아오는 우울 증상, 공황·공포 등을 경험하게 되는 불안 증상, 그리고 불면증, 건망증, 식욕 저하, 폭식 등 다양한 증상이 함께 섞여 나올 수 있다.

이러한 증상에 대한 제일 효과적인 치료법은 '약물 치료와 함께하는 심리 치료'다. 최근 수십 년 동안 정신과 약물이 많이 개선되었다. 특히 부작용 부분은 과거와 비교할 수 없을 만큼 좋아졌다. 그리고 실제 많은 연구에서 약물 치료를 우선 시행하며 심리 치료를 병행하는 것이 효과적인 치료임이 입증되었다.

마음의 체력이 뒷받침돼야 변화도 일어납니다

그러나 아직 정신과 약물에 대한 저항이 상당하다. 중독되는 것은 아닌지, 몸에 쌓이는 것은 아닌지, 나중에 치매가 되는 것은 아닌지 등 다양한 걱정이 약물 치료를 받는 것에 저항감을 일으키게 된다.

나에게 어떤 정신과 의사가 명의인지 묻는다면 잘 진단하고 좋은 약을 처방하는 것, 물론 당연히 이 부분도 잘해야겠지만 '약에 대한 걱정을 얼마나 상담으로 잘 풀어 드릴 수 있는가'를 1차적 조건으로 들고 싶다.

전공 서적에도 첫 만남에서 이 저항감을 잘 풀어 주는 것이 중요하다고 강조되어 있고 정신과 전문의고시 출제위원 시절, 시험 문제에 반영하려 노력했던 기억이 난다.

그러다 보니 "선생님은 심리 상담은 안 하세요?"라는 이야기를 듣게 되는 것이다. 과거 내 삶의 고민을 이야기해야 치료가 잘될 것 같은데 의사는 자꾸 현재 힘든 증상은 없는지 반복해서 캐묻고, 두려운 약물 치료를 먼저 권하고, 거기에 약물이 괜찮다며 약장사처럼 떠들어대니 의사를 잘못 찾아온 것은 아닌지 걱정될 수 있다.

가까스로 그 걱정을 풀어 드리고 약물 처방을 해드리고 나서 다시 진료실에서 만났을 때, 기분 나쁘다는 분들도 있다. 이런 작은 알약에 자기 마음이 편해졌다는 것이 믿기지도 않고 허무하다는 것이다. 대인 관계에서 짜증, 분노 등이 줄어들어 다른 사람들과의 관계도 선생님 이야기처럼 편해졌다며 신기해하기도 한다. 배우자가 좋은 약이니 계속 복용하라고 한다는 분들도 있다.

오늘은 속 이야기를 충분히 하시라 말씀드리면 지난주만 해도 할 말이 가득했는데 이상하게 별것 아닌 것으로 느껴져 꼭 이야기해야 할지 모르겠다는 경우도 많다. 그렇다고 약물 치료가 심리 치료보다 우월하다는 이야기는 아니다. 둘을 함께 잘 버무려 사용해야 최고의 시너지 효과가 나온다는 것이다.

우울, 불안 증상의 경우 내면의 부정적인 생각의 틀과 연관된 경우가 많다. 그래서 부정적인 프레임을 함께 찾아보고 보다 긍정적인 프레임으로 개선하는 인지행동 치료 등을 함께해야 큰 도움이 된다. 그런데 이런 내면의 변화를 이끌어 내려면 마음의 체력이 뒷받침돼야 한다.

당장 힘든 증상을 약물로 조절하면 삶의 에너지가 증가하게 돼 심리 치료에 긍정적인 영향을 미친다. 너무 우울하고 불안한 사람에게 약물 없이 상담으로만 치료하자고 하는 것은 그 사람을 더 지치게 할 수 있다.

자신의 상황에 맞는 치료를 받는 것이 중요합니다

"트라우마 생겼어"란 말이 일상적으로 사용될 정도로 트라우마라는 단어가 익숙하게 쓰이고 있다. 과거의 심각한 트라우마는 현재와 미래에 부정적인 영향을 미칠 수 있다. 외상 후 스트레스성 장애가 예다. 그러나 자신의 트라우마를 꺼내어 반복적으로 이야기해야만 한다고 생각하는 것은 옳지 않다.

부정적인 이야기를 자꾸 하다 보면 그 스토리에 없었던 살이 붙고 과거에 행복한 기억이 더 많았음에도 점점 부정적인 기억이 내 기억 자체를 덮어 버려 과거 전체를 부정적으로 인식하게 될 수도 있다. 심리 치료에 있어서도 목표가 명확해야 하고 자신의 상황에 맞는 맞춤형 심리 치료를 받는 것이 중요하다.

지금까지 정신의학의 접근은 문제를 찾아 해결하는 스타일이 주였다. 의학의 영역이기에 문제 중심 접근이 대세인 것은 당연하다. 그런데 긍정 정신의학이라고 하여 부정적인 측면뿐 아니라 긍정적인 측면도 함께 찾아내어 그것을 더 강화시켜 주는 접근을 강조하는 정신과 의사도 조금씩 늘어나고 있다.

"전 너무 예민해요"라고 고민하는 이에게 "예민한 것이 아니라 섬세한 것이죠. 예민의 반대는 평안이 아니라 '무뚝뚝'이에요. 무뚝뚝해지고 싶으세요? 전 섬세함이 더 좋은 것 같아요. 삶의 고통도 더 느끼겠지만 삶의 행복도 더 느낄 수 있으니까요. 그렇지만 고통을 너무 느끼면 힘드니 그것은 조절해 봅시다"와 같이 접근하는 것이다.

일단 내 마음부터 안아주세요

초판 1쇄 발행 2019년 4월 12일 **초판 10쇄 발행** 2024년 7월 19일

지은이 윤대현
펴낸이 최순영

출판1 본부장 한수미
와이즈 팀장 장보라
디자인 김미성(섬세한 곰)

펴낸곳 ㈜위즈덤하우스 **출판등록** 2000년 5월 23일 제13-1071호
주소 서울특별시 마포구 양화로 19 합정오피스빌딩 17층
전화 02) 2179-5600 **홈페이지** www.wisdomhouse.co.kr

ⓒ 윤대현, 2019

ISBN 979-11-89938-68-0 03180